35,

Filosofia do Judaísmo
em Abraham Joshua Heschel

Coleção Estudos
Dirigida por J. Guinsburg

Ilustração de abertura: Jacqueline Aronis.

Equipe de realização – Edição de texto: Luiz Henrique Soares; Revisão de provas: Marcio Honorio de Godoy; Sobrecapa: Sergio Kon; Produção: Ricardo Neves, Sergio Kon e Raquel Fernandes Abranches.

Glória Hazan

FILOSOFIA DO JUDAÍSMO EM ABRAHAM JOSHUA HESCHEL
CONSCIÊNCIA RELIGIOSA, CONDIÇÃO HUMANA E DEUS

Dados Internacionais de Catalogação na Publicação (CIP)
(Câmara Brasileira do Livro, SP, Brasil)

Hazan, Glória
 Filosofia do judaísmo em Abraham Joshua Heschel: consciência religiosa, condição humana e Deus / Glória Hazan. – São Paulo: Perspectiva, 2008. – (Estudos; 250 / dirigida por J. Guinsburg)

 Bibliografia.
 ISBN 978-85-273-0822-9

 1. Judaísmo – Doutrinas 2. Religião – Filosofia I. Guinsburg, J. II. Título. III. Série.

08-04800   CDD-296.01

Índices para catálogo sistemático:

1. Judaísmo : Filosofia : Religião 296.01

Direitos reservados à
EDITORA PERSPECTIVA S.A.

Av. Brigadeiro Luís Antônio, 3025
01401-000 São Paulo SP Brasil
Telefax: (011) 3885-8388
www.editoraperspectiva.com.br

2008

Sumário

AGRADECIMENTOS XV

A CONSCIÊNCIA DE DEUS – *Luiz Felipe Pondé* XVII

INTRODUÇÃO XXIII

1. ABRAHAM JOSHUA HESCHEL –
   O HOMEM, O AUTOR E SUA OBRA 1

2. OS FUNDAMENTOS E AS CARACTERÍSTICAS
   DA CONSCIÊNCIA RELIGIOSA 19

   Filosofia e Teologia 21
   Pensamento Situacional *Versus* Pensamento Conceitual 27
   Uma Reflexão Hescheliana: Autocompreensão Radical –
   Teologia da Profundidade 28
   Filosofia Grega *Versus* Pensamento Judaico: Diferenças
   e Similitudes 36
   A Filosofia do Judaísmo 41

3. A PRESENÇA DE DEUS DIANTE DO HOMEM – DEFINIÇÕES 47

O Tempo e a Eternidade 48
Os Três Caminhos 52
   Oração 54
Dificuldades na Atualidade 56
O Sublime e o Maravilhoso 63
O Prodígio 69
O Senso do Mistério 71
   Consciência da Ignorância Humana 73
   O Nome Inefável 82
   Três Atitudes: Fatalista, Positivista e Religiosa 84
Temor 85
Glória 87
A Adoração da Natureza 91

4. EM BUSCA DO SIGNIFICADO DA PRESENÇA DE DEUS –
ELEMENTOS PARA A CONSTRUÇÃO
DA CONSCIÊNCIA RELIGIOSA 93

Um Problema que nos Diz Respeito 95
   Além das Definições 97
   A Dimensão do Inefável 98
   A Religião Principia com Maravilha e Mistério 101
Uma Pressuposição Ontológica 103
   A Religião é a Resposta ao Mistério 105
   A Preocupação Fundamental é um Ato de Adoração .. 106
   Acerca do Significado de Deus 107
Momentos de *Insight* 111
   Fé é um Evento 114
   Uma Luz nas Trevas 115
   O Pathos *Divino* 117
O Homem Piedoso 119
   O Anonimato Interior 121
   A Fé, a Sabedoria e a Piedade 122
   Reverência, Gratidão e Responsabilidade 123
   O Sentido do Sacrifício 125

TODOS SOMOS RESPONSÁVEIS 129

BIBLIOGRAFIA 135
CRONOLOGIA DE HESCHEL 139
GLOSSÁRIO 141

Cansado da fome espiritual
Em meio a um deserto triste meu caminho fiz,
E um anjo de seis asas veio a mim
Num lugar onde havia uma encruzilhada.
Com dedos leves como o sono
Tocou as pupilas de meus olhos
E minhas proféticas pupilas abriu
Como olhos de águia assustada.
Quando seus dedos tocaram meus ouvidos,
Estes se encheram de rugidos e clangores
E ouvi o tremor do céu
E o vôo do anjo da montanha
E animais marinhos nas profundezas
E crescer a videira do vale.
E, então, pressionou-me a boca
E arrancou-me a língua pecadora,
E toda a sua malícia e palavras vãs,
E tomando a língua de uma sábia serpente
Introduziu-a em minha boca gelada
Com sua mão direita encarnada.
Então, com sua espada, abriu meu peito
E arrancou-me o coração fremente,
E no vazio de meu peito colocou
Um pedaço de carvão em chamas.
Fiquei como um cadáver, deitado no deserto,
E ouvi a voz de Deus clamar:
"Levanta, profeta, e vê e ouve,
Sê portador da minha vontade –
Atravessa terras e mares
E incendeia o coração dos homens com o verbo"[1].

---

1. A. Puchkin, Poema, em A. Tarkovski, *Esculpir o Tempo*, p. 265-266.

Dedico este livro
aos meus filhos Karina e Henry,
e netos Motalê e Avreime e Haya,
que me deram a conhecer a eternidade do amor

À minha avó Josefina Pepi Braunstein.
Aos meus pais, Hertha e Alfredo Herzberg.
À minha irmã Gerda Traksbetrigyer.
Espero ter-lhes honrado a memória.

Agradecimentos

Ao meu orientador, Prof. Dr. Luiz Felipe Pondé, por ter me apresentado A. J. Heschel como *pista de pouso* para os *vôos* de minhas idéias. Ao Prof. Dr. José J. Queiroz, o incentivo de transformar esse estudo em livro. Ao Prof. Dr. Gilberto da Silva Gorgulho, pelo privilégio de beber em sua fonte de saber. Ao Prof. Dr. Franklin Leopoldo e Silva, a alegria do encontro além das palavras.

Meus agradecimentos se estendem aos professores e aos colegas do Programa de Estudos Pós-Graduados em Ciências da Religião (PUC-SP) que estiveram comigo, especialmente à Cristina Guarnieri e Lílian Wurzba Ioshimoto, a colaboração inestimável para realização deste trabalho. À Sra. Fanny Kon e ao Prof. J.Guinsburg, da editora Perspectiva, a realização deste projeto. Ao Alexandre G. Leone, o profícuo partilhar do pensamento hescheliano. À Jacqueline Aronis, a gravura gentilmente cedida para ilustração do livro. À Giselda Leirner, pela generosidade. Aos meus amigos do grupo Vagas Estrelas. À Camila Salles Gonçalves, Anna Maria C. A. Knobel e Mania Deweik, pela preciosa participação. Ao Wilson Castello de Almeida, José Fonseca e Antonio Cesarino, o reconhecimento e a amizade. Ao Nairo de Souza Vargas, Iraci Galliás, Boris Frenk, Roberto Gambini, Dalmiro Bustos e Carlos Fidel Calvente, a construção do caminho. Às alunas dos grupos de estudos de mística judaica, A Árvore da Vida da Cabala, que provaram ser possível realizar. Aos pacientes que continuamente motivam o desejo de compreender e compartilhar. Ao Alberto Hazan, minha família e aos meus sobrinhos Daniel Traksbetrygier e

Tally Gheventer, a presença amorosa. À Sherly Marcovith, Márcia Rivas, Mônica Poyares, Claudio Roth e a todos os amigos que, direta ou indiretamente, participaram desta jornada.

A Consciência de Deus

> *A transição do esquecimento para a consciência de Deus,*
> *não é um salto sobre um termo perdido em um silogismo,*
> *mas um recuo, em que abrimos mão de premissas ao invés*
> *de somarmos uma.*
>
> A. J. HESCHEL[1]

A universidade é, de certa forma, um resto medieval. Significa historicamente um momento no qual o instinto humano pelo conhecimento migra do silêncio dos monastérios para a praça movimentada das cidades, em meio ao vai e vem dos ancestrais disso que chamamos burgueses, e suas preocupações com o mundo da matéria, do tempo secular e das trocas comerciais. Na sua origem, a universidade não foi uma unanimidade como forma justa e capaz de realizar a vocação humana para entender a vida, o mundo e a alma (ou consciência, como diríamos nós, modernos). Alguns, como São Bernardo de Claraval, suspeitavam que nela faltava algo essencial que caracterizava o conhecimento monástico: o espírito radical daquele tipo de verdade que se manifesta quando o destino último da vida se entrelaça com as idéias e as práticas que assumimos a partir do que pensamos e fazemos no concreto do cotidiano. Resumindo, a universidade corria o risco de errar por tornar o destino humano de sermos um ser que vaga pela ignorância um mero fator secundário em favor de outro instinto, aquele da pura abstração sem alma, sem corpo, uma mera lógica das idéias e da fisiologia. Assim como tudo que é ancestral, esse enredo não acabou, ainda que nos enganemos com abstrações e cálculos científicos sobre o destino dessa

---

1. "The transition from obliviousness to an awareness of God, is not a leap over a missing link in a syllogism but a retreat, giving up premises rather than adding one". A. J. Heschel, *I Asked for Wonder*: a spiritual anthology, p. 5.

maravilhosa alma ignorante que nos habita, visando fazer dela uma simples idéia clara e distinta a serviço do sucesso.

A universidade hoje realiza grandes feitos técnicos e científicos, todos, cada vez mais, filhos daquilo que chamamos de razão instrumental: o cálculo que torna o mundo um objeto na cadeia forjada pelo nosso infinito desejo de bem-estar. Índices repetitivos apontam para a aliança inexorável entre conhecimento, produtividade e reprodução material. Não parece haver qualquer outro caminho. Evidentemente que em meio à fúria instrumental que nos acomete a todos, a Universidade também pode, às vezes, respirar. Quando isso acontece diante de nossos olhos, cada vez mais nos faz pressentir o milagre. Nesses breves momentos, ela, a universidade, nos oferece algo mais próximo de uma investigação disciplinada e sistemática que associa objetividade e sentido. O intelecto, enfim, ainda pode mergulhar no espanto, e, assim, repousar no mistério, lembrando-nos daquele momento em que o pulmão se abre largamente, visando encher-se de ar.

Glória Hazan faz esse percurso, no seu livro e na sua vida. Neste sentido, ela é quase uma raridade porque nem cede à instrumentalização banal do conhecimento nem à banalização emocional da alma. Permanece na tensão da condição humana: o animal cego que pressente a Transcendência. Ao contrário do que possa imaginar nossa vã filosofia, às vezes é mais fácil o cálculo objetivo do sucesso. Acumulando uma importante experiência clínica em psicologia analítica e psicodrama, a pesquisadora Glória Hazan chegou às ciências da religião, mais especificamente à filosofia da religião, com a intenção de "aprender uma nova língua", aquela da academia: a experiência empírica tratada pelo rigor do conceito. E assim o fez. O resultado está diante de vossos olhos: um texto que reúne *scholarliness* e alma, bem ao gosto do autor que ela nos apresenta, Abraham J. Heschel. Trata-se de uma obra sofisticada, ainda que introdutória, de filosofia da religião. Nesse sentido, seu trabalho se associa a outros que como o dela marcam o surgimento, entre nós, de uma nova área de conhecimento institucional: as ciências da religião em sua face filosófica.

Mas o que é filosofia da religião? E qual a filosofia desse judeu de Varsóvia radicado nos Estados Unidos Abraham Joshua Heschel? A filosofia da religião tem seu endereço histórico oficial no idealismo alemão de Hegel, Schelling, Fichte ou Schleiermacher (entre outros alemães do século XIX). Se levarmos em conta sua "definição" mais clássica (relação entre os produtos das tradições religiosas e o esforço de contemplá-las via nossa capacidade intelectual), a filosofia da religião é seguramente mais antiga. São muitas as formas de compreender a filosofia da religião, e aqui passo a descrever algumas dessas formas de modo um tanto sumário e, na seqüência, apontarei brevemente o que Heschel nos traz como sua especificidade – já que a filosofia hescheliana da religião, especificamente judaica, é o objeto da pesquisa levada a cabo por Glória, portanto não há razão para me aprofundar aqui nela.

O núcleo duro desta disciplina está na sua forma de tratar um objeto específico, as religiões históricas e suas relações com campos de problemas classicamente debatidos pela filosofia, tais como, ontologia, política, moral ou ética, realidades espirituais, psicologia, cognição e epistemologia, linguagem etc. Pessoalmente não julgo salutar nem importante uma excessiva mania em definir os "quadros" da filosofia da religião. Em nossa era pós-metafísica, tais definições quase sempre tratam de querelas cartoriais e político-institucionais que visam, na ponta, alocação de verbas ou inclusão/exclusão de quadros docentes. Quando vejo alguém tentando compreender objetos advindos das tradições religiosas em diálogo com problemas filosóficos através da "paciência do conceito", estou diante da filosofia da religião. Uma das formas mais comuns é ver esta disciplina como a busca de identificar o que nas tradições religiosas históricas pode ser tratado sem dependência da fé ou da crença: trata-se da relação estritamente conceitual e racional com conteúdos das revelações ou mitologias históricas (a diferença com a teologia estaria precisamente no modo não confessional de relacionamento com essas revelações ou mitologias). Neste sentido, por exemplo, em que medida Deus pode ser objeto racional necessário, sem alusão aos relatos da tradição abraâmica? Qual seria a realidade última do universo? Há uma inteligência primeira na origem da ordem cósmica ou esta ordem pode surgir mecanicamente a partir da matéria primitiva? O diálogo entre ciências naturais e teologia aqui é evidente. Vemos assim que distintos objetos das teias conceituais religiosas como Deus, realidades últimas (matéria/espírito), divindades em geral, racionalidade cósmica, alma/corpo, Bem e Mal (existe um sentido moral no cosmos e em suas partes componentes?), Transcendência e imanência (como no caso da indagação de um sentido transcendente da história da humanidade ou da vida cotidiana), destino eterno ou não da alma, fim ou não do mundo e o significado específico de cada uma dessas alternativas em jogo, podem ser tratados pela paciência do conceito religioso.

Existem alguns desdobramentos mais específicos desse núcleo metodológico e objetal que vale a pena descrever. É possível ou não uma leitura filosófico-religiosa da (pós)modernidade e dos dramas específicos que vivemos após a virada técno-científica e seu braço armado, o modo industrial de produção do capital? A democracia, sua dogmática e racionalidade como impacto nos hábitos e costumes, também pode ser objeto de tratamento filosófico-religioso. A tentativa de discernimento entre as várias tradições em termos de maior ou menor natureza racional de sua teia de conceitos e crenças (e sua relação com a sensibilidade ética individualista moderna), assim como a busca de um diálogo religioso entre as diversas tradições existentes figuram entre as variáveis mais importantes no campo especulativo em filosofia da religião. A filosofia da religião pode ser uma importante instância de mediação entre as religiões históricas e o campo das diversas ciências e saberes existentes: por exemplo, o lugar existencial do humano em meio ao Ser geral das coisas e da ordem cósmica é um campo profícuo de diálogo entre as religiões e a psicologia profunda e existencial, os limites da linguagem na sua relação com o princípio do Ser media o diálogo entre a lingüística e a mística, a cosmologia coloca à mesa os distintos mundos da física e dos relatos cosmogônicos.

Outro modo de praticar a filosofia da religião, que se relaciona diretamente com o dito acima, é a produção intelectual e espiritual de pessoas identificadas com uma tradição religiosa histórica e seu esforço em compreender o ser humano, o mundo e seu Deus ou panteão de deuses (enfim, sua sensibilidade e racionalidade religiosa). Tais pessoas podem ser vistas como uma espécie de sábio ou filósofo religioso que criam um espaço de linguagem onde se encontram o humano e o divino, ampliando assim o espaço de autoconhecimento do humano na sua batalha pela sobrevivência espiritual. Neste caso, o caráter confessional pode estar presente na medida em que o autor fala "em nome próprio". Aqui está Heschel. Em nada essa atitude implica necessariamente a exclusão da densidade e da paciência do conceito, a elas se adicionará a coragem espiritual em afirmar o que a inteligência crê e suas conseqüências para o mundo do intelecto e da sensibilidade. Em Heschel encontramos um equilíbrio entre paciência e coragem, qualidades essenciais para se sobreviver num mundo onde superficialidade e medo abundam.

Heschel é o filósofo da consciência de Deus, neste sentido ele não só faz filosofia do judaísmo como é também essencial para o cristianismo. A ambigüidade no termo "consciência de Deus" aqui é conceitual e descreve o mundo de preocupações do filósofo nascido em Varsóvia. Quando se debruça sobre a fenomenologia da consciência do profeta, ele investiga como o profeta sente o *pathos* de Deus diante do mundo dos homens (uma investigação da vida interior de Deus e não do êxtase do profeta). Sob o conceito desse *pathos*, Heschel traz à luz não só o fenômeno da profecia em si na história hebraica, como também elementos da experiência consciente de Deus (lembremos que este caráter é essencial no conceito hebraico de Deus). Por outro lado, em estudos onde Heschel reflete sobre como Deus busca o homem e como o homem busca Deus, ou quando se debruça sobre a tradição hassídica e talmúdica que lhe constituiu, Heschel ilumina os diferentes modos como a consciência da presença de Deus altera o modo intelectual de ser do homem. Neste momento, o mundo, a própria consciência de si, a condição humana enquanto tal, e a face de Deus, recebem a cor de uma experiência religiosa que pensa o que sente. O tônus da alma que pensa sob o olhar de Deus deve ser semelhante ao que Heschel produziu como filosofia. Seguindo nosso filósofo, não posso conceber um modo mais preciso de definir filosofia da religião: quando a religião desafia nosso intelecto fazendo com que ele ultrapasse alguns dos vícios da solidão teológica e recolha os frutos do encontro entre nossa consciência e a de Deus. A filosofia da religião em Heschel é uma filosofia diante de Deus. Nada é mais urgente hoje em dia do que uma coragem conceitual como esta em se tratando das ciências da religião. É este o convite que nos faz Glória Hazan e só nos falta agradecer a ela.

Luiz Felipe Pondé[*]

[*]. Filósofo e professor do Programa de Estudos Pós-Graduados em Ciência da Religião do Departamento de Teologia da PUC-SP e da Faculdade de Comunicação da Fundação FAAP.

Introdução

Um dos principais motivos desta pesquisa origina-se, naturalmente, na esfera da experiência pessoal. Enquanto psicóloga, entendendo a psicologia como um ramo da ciência que estuda as manifestações da alma em seus diferentes âmbitos de expressão, e que oferece instrumentos para lidar de forma eficaz com o sofrimento existencial humano relacionado às questões fundamentais. Porém, notamos que, muitas vezes, esses instrumentos eram insuficientes para compreender profundamente o fenômeno psíquico. Nesse sentido, ao nos depararmos com as limitações impostas por esta área, percebemos a importância da religião como fonte de conhecimento sobre a condição humana e, assim, recorremos à filosofia da religião no intuito de aprofundar mais este conhecimento.

Outro aspecto de forte motivação para esta pesquisa é buscar compreender como o retorno à religião pode se dar para cada pessoa e tentar esclarecer certos aspectos da *teschuvá* (retorno), mobilizados pela busca de sentido existencial. Nesse percurso, descobrimos na leitura do pensador judeu Abraham Joshua Heschel ressonância para essas questões.

Em sua obra, Heschel descreve os motivos intrínsecos que levam alguém a se tornar um religioso, no sentido estrito do termo, e no que essa reflexão pode ajudar quem busca na religião uma definição para a própria vida, pois se trata de um processo gradativo de integração no cotidiano. O compromisso religioso exige grandes transformações no estilo de vida, na concepção de mundo, nas relações afetivas e na prospecção do futuro. Por esse motivo, tanto por parte das pessoas que se submetem a essa transformação, quanto de nossa parte ao abordar o tema, é mister a atenção às condições emocionais em que se dá o fenômeno.

Um dos aspectos que justificam este trabalho é nossa preocupação em compreender a maneira pela qual o pensamento judaico pode ser distorcido pela ação contundente de um sistema considerado radical, se compreendido como aquele que pretende o judaísmo isolado do mundo que o rodeia; uma experiência religiosa que se encontra voltada somente para o aspecto formal da prática. Um exemplo são os que buscam um caminho espiritual e se tornam vítimas de um processo de condicionamento psicológico, o que pode desembocar na paralisação da capacidade de reflexão, bem como em supressão da história de vida pregressa.

Nesses casos, os métodos persuasivos utilizados (o tudo ou nada) agem sobre o sujeito de forma avassaladora e geram atitudes aversivas que negam, em sua totalidade, as experiências anteriormente vividas, tidas como radicalmente transgressoras e profanas. Isso acontece pelo medo subliminar incutido de punição divina e não como experiência de temor reverencial, tão bem elucidado por Heschel como sentimento pertinente à fé e que será um dos temas de reflexão neste trabalho.

Uma das conseqüências desse processo pode ser o sofrimento que advém da grave experiência de abrupta ruptura emocional dos laços familiares e sociais, que resulta em prejuízo da saúde mental e psicológica. É possível que isso ocorra pela maneira como a transmissão da tradição é feita nos âmbitos da família nuclear e social, especialmente o aprendizado do ritual, quando ele visa atender unicamente o aspecto formal, e deixa explícita a experiência do vazio espiritual.

Dessa forma, podemos pensar que além da influência da família nuclear, também há a interferência da problemática social maior, no que se refere à crise de valores comunitários, aí considerados o alto índice de criminalidade, as drogas e a violência cotidiana. O homem, relegado à contemporaneidade por demasiado materialista, tem necessidade de algo que o transcenda. Assim, torna-se presa de atitudes espúrias em nome da religião, sob critérios baseados em interesse próprio e na oferta da ilusão de redenção da alma, uma situação que pode conduzir, a nosso ver, ao fundamentalismo, formando o "exército" em nome de Deus. Para Heschel, a ênfase na defesa da observância dos mandamentos, pode se desdobrar em uma forma de behaviorismo religioso, que não promove a expressão da totalidade da experiência religiosa em seu valor afetivo emocional[1].

Heschel resgata o símbolo vivo religioso que surge da tensão existente entre fé e dúvida, certo e errado, para fazer uma reflexão

---

1. Cf. A. J. Heschel, *O Último dos Profetas*, p. 164.

sobre a consciência religiosa na busca da verdade espiritual. O autor apresenta uma abordagem distinta da filosofia da religião judaica, oferecendo ferramental para a reflexão a respeito da postura exclusiva e preconceituosa adotada no ensino religioso dos jovens por instituições que fomentam essas orientações.

Cônscio das dificuldades encontradas no caminho religioso, Heschel aponta para o risco da função noética da religião ser negligenciada e os sentimentos desqualificados. Ao falar da natureza humana, o autor compreende o homem como reflexo da Criação, com a finalidade de complementar a obra divina, e justifica a necessidade de discriminação entre os elementos de sua natureza instintiva egoísta e da natureza divina capaz de alteridade, pela consciência da sua responsabilidade ética, que o dignifica. A palavra Torá é usada em dois sentidos. Num, mais estrito, refere-se ao *Pentateuco* – os Cinco Livros de Moisés; noutro sentido, abrange todo o corpo da lei, a prática, os costumes e os conceitos que compreendem o judaísmo.

Um outro aspecto que torna este trabalho relevante é a forma como o pensamento de Heschel pode ser apreciado no âmbito psico-pedagógico. Alexandre Leone[2], num comentário de Merkle sobre Heschel, diz que esse propõe uma *pedagogia do retorno*, por meio de uma escala de observância. Nota que essa pedagogia busca proporcionar a volta do homem moderno à experiência de sensibilidade religiosa, fundamental para a retomada do caminho da humanização. Somente por meio dessa sensibilidade o homem moderno pode superar o fetichismo que o aliena na sociedade industrial. Leone compreende que a pedagogia do retorno hescheliana, por outro lado, está fortemente vinculada aos modelos das práticas religiosas que o filósofo aprendeu e viveu no mundo de sua infância.

Dentre os conceitos desenvolvidos por Heschel, vamos enfocar especialmente o de *insight* espiritual e de autoconhecimento. Focalizaremos a relação entre a consciência religiosa judaica, Deus e o mundo; as características dessa consciência; as possibilidades que ela prospecta para conhecer, para viver a condição humana e propor novos rumos para o conhecimento, sendo o pensamento religioso um instrumento eficaz.

Scholem fala-nos do homem religioso, citando uma passagem do *Zohar*[3] que descreve a experiência mística do processo de evolução da consciência religiosa e do *insight* espiritual, em que sugere:

o significado literal é preservado, mas simplesmente como um portão através do qual o místico passa, um portão que se lhe abre sempre de novo. O *Zohar* define muito sucintamente esta atitude do místico numa exegese memorável do versículo 12, 1, do *Gênesis*. As palavras de Deus a Abraão, *Lech lecha,* são tomadas não apenas no seu sentido

2. Cf. A. Leone, *A Imagem Divina e o Pó da Terra*, p. 184.
3. Cf. G. Scholem, *As Grandes Correntes da Mística Judaica*, p. 157.

literal, "Vai-te", ou seja, não são interpretadas como se referindo unicamente à ordem de Deus a Abraão para ele ir pelo mundo afora, mas são lidas também com literalidade mística como significando "Vai-te a ti mesmo", isto é, "Encontra-te a ti próprio"[4].

Para Heschel, a obediência desse mandamento faz nascer uma nova perspectiva da filosofia da religião, perspectiva da qual surgem nossos problemas: Quais as implicações dessa perspectiva? Como surge e se caracteriza a consciência religiosa em Heschel? Heschel enfatiza o cuidado em não se reduzir a compreensão a respeito de Deus a uma dimensão simbólica ou psicológica, guardando o mistério. Como Heschel propõe abordar esse mistério? Como se dá a relação da consciência religiosa com Deus?

Segundo o autor, há a necessidade de uma renovada leitura da filosofia religiosa judaica, no intuito de aclarar a possibilidade de desenvolvimento ético e de resgatar, pela ação no mundo, o compromisso com a retidão diante do que Deus espera de nós e a preservação ética no relacionamento humano. Como obter, na religião, um lugar de questionamento para desenvolver a consciência religiosa? Quais as perspectivas ou as possibilidades dessa relação para a filosofia e para as ciências da religião? Esses são os problemas que buscaremos responder.

A hipótese de nossa pesquisa é a de que, em Heschel, há a possibilidade *noética*, ou seja, de *conhecimento* pela via da *consciência religiosa*. A relação entre consciência religiosa e Deus se dá na abertura da consciência judaica ao Deus abraâmico, que não se restringe ao povo judaico, mas que tem, na voz do Profeta, uma abrangência universal, pois o conceito de consciência religiosa em Heschel, no livro *Deus em Busca do Homem*, passa a existir a partir da discussão da relação entre Deus e a condição humana. A relação da consciência religiosa com Deus caracteriza-se pelas seguintes categorias: sublime, perplexidade radical, temor e mistério, entre outras.

Outra hipótese que deriva dessa primeira diz respeito à consciência religiosa. Para Heschel, a consciência religiosa acontece no evento, isto é, no encontro do humano com a história sagrada, que transcende o tempo, supera a linha divisória do passado e do presente e atualiza o passado pela presença constante de Deus.

A consciência religiosa também brota da fé e do temor, de estarmos sempre expostos à presença de Deus, da ansiedade em respondermos ao seu desafio, e do sentido, de que nosso ser está sendo convidado. A religião e a consciência religiosa acontecem no encontro da pergunta de Deus com a resposta do homem. Na consciência religiosa, abre-se o caminho para a fé e o caminho da fé. O caminho para Deus é um caminho de Deus. Se Deus não fizer a pergunta, todas as nossas indagações são vãs[5].

---

4. G. Scholem, *A Cabala e seu Simbolismo*, p. 23.
5. A. J. Heschel, *Deus em Busca do Homem*, p. 179.

Este trabalho pretende pesquisar o conceito de consciência religiosa judaica proposto por Abraham Joshua Heschel, em *Deus em Busca do Homem*, livro no qual o autor entende o pensamento religioso como fonte de conhecimento e examina os diversos aspectos que objetivam o retorno (*teschuvá*) à religião.

Esperamos, com esta pesquisa, tanto aprofundar a compreensão dos conceitos que o autor propõe como evidenciar o aspecto da experiência mística de revelação experimentada pelo Profeta no *pathos*[6] divino. Num segundo momento, gostaríamos de ressaltar a possibilidade de um novo olhar sobre o significado dos conteúdos implícitos na filosofia religiosa judaica proposta por Heschel, com a intenção de oferecer a possibilidade de novas respostas aos problemas relativos aos diversos âmbitos de relacionamento, resgatando virtudes e valores imprescindíveis de convivência.

Dentre as nossas categorias de análise, trabalharemos com o *pathos* divino, a consciência religiosa, o inefável e Deus. Escolhemos fazer a leitura de Heschel buscando compreender mais profundamente, pelo enfoque da fenomenologia existencial, a análise dos conceitos por ele desenvolvidos, quando elege como modelo o Profeta e quando, na Revelação, encontra a experiência do *pathos* divino. Uma experiência religiosa que resgata a fé na relação viva com o divino; o profeta vive uma experiência não objetivada com Deus, mas sim uma experiência relacional. E é neste vínculo que ele testemunha a preocupação de Deus com o homem.

A compreensão de Deus não é uma idéia abstrata, mas o conteúdo primário da consciência do Profeta, é a atenção e a solicitude divinas. O problema fundamental da filosofia da religião não está em categorias como o credo, o rito e a experiência religiosa, mas na condição total do homem. A *Bíblia*, como antropologia de Deus, permite chegar a Deus pela via prática e não pela teórica, ou seja, pela tensão entre a prática e a teórica. O acontecimento entendido como o pacto do homem com Deus no Sinai, liga-se à possibilidade da resposta humana no sentido espiritual. A noção de evento em Heschel trata da dialética entre a razão superficial e a razão profunda, que está no escopo da teologia da profundidade proposta pelo autor.

Nosso procedimento metodológico incluirá uma revisão bibliográfica de uma seleção de textos; leitura, análise e interpretação das

---

6. L. F. Pondé, *Crítica e Profecia*, p. 57-58. O conceito de *pathos* divino de Heschel "seria o 'fundo da consciência' do profeta (ou do místico), o lugar onde o místico está diretamente unido a Deus. O profeta é aquele que sabe o que Deus quer, ele é 'visitado por Deus'". Para Heschel, a idéia do *pathos* divino sugere que não só o homem está aberto para o inefável, mas que Deus procura por ele e, segundo o autor, o ser humano é capaz de responder a essa procura; a religião é a sua resposta. Cf. A. J. Heschel, *Deus em Busca do Homem*.

obras de Heschel, bem como de outros autores que podem nos servir de apoio.

A organização do trabalho estará dividida em quatro capítulos. O capítulo 1 pretende contextualizar o autor, as suas obras e a obra estudada, assim como o homem, o tempo, as suas preocupações e o núcleo do pensamento hescheliano.

O capítulo 2 apresentará os fundamentos e as características dessa consciência religiosa. Nesse capítulo veremos como Heschel indica a via religiosa como um trajeto para o conhecimento. E, também, acompanharemos sua preocupação com a filosofia da religião, especificamente com uma filosofia do judaísmo, onde o autor trabalha as diferenças entre o pensamento grego e o judaico, a fim de por em relevo aspectos prioritários à consciência religiosa, demonstrando a importância epistemológica dessa abordagem.

O capítulo 3 pesquisará os caminhos para a presença de Deus na consciência religiosa, propostos por Heschel. A partir da visão bíblica de mundo, o autor propõe as seguintes categorias: sublime, maravilhoso, mistério, temor e glória, para o resgate da religião como fundamental para a experiência da fé. Apresenta os três caminhos que correspondem, na tradição judaica, aos aspectos essenciais da existência religiosa: adoração, ciência e ação. Em suas palavras: "Os três são um para alcançar um único destino. Pois foi isto o que Israel descobriu: o Deus da natureza é o Deus da história, e o caminho para conhecê-lo é fazer a sua vontade"[7].

No capítulo 4, trabalharemos a busca do significado da Presença de Deus e os elementos para a construção da consciência religiosa. Trataremos dos elementos da Presença de Deus para a compreensão da dimensão do inefável e do significado do transcendente na religião, também em resposta ao mistério e como parte do *insight* humano à procura de Deus.

As ciências da religião buscam o aprofundamento do conhecimento das diversas dimensões que subjazem ao fenômeno religioso. Heschel, segundo Leone, é "um intérprete e tradutor dos conceitos da mística judaica, especialmente o hassidismo, para a linguagem filosófica do ocidente moderno"[8]. Heschel nos oferece uma nova leitura filosófico-religiosa do pensamento judaico, em grande parte negligenciado pela filosofia grega. Propõe o pensamento judaico baseado na *Torá*, apontando para um percurso de autoconhecimento encontrado nas Escrituras Sagradas. O autor, um pensador religioso, tem na mística judaica a base de estudos da experiência religiosa e, especialmente, no movimento hassídico, o resgate da expressão da

---

7. *Deus em Busca do Homem*, p. 51.
8. A. G. Leone, A Oração como Experiência Mística em Abraham J. Heschel, *Revista de Estudos da Religião*, p. 42.

alma, praticado no cotidiano do homem religioso *embriagado* pela presença divina no mundo.

Por isso, acreditamos que para o pesquisador em ciências da religião, o ganho epistemológico pode ser valioso, porque estabelecemos o encontro com um pensador que propõe uma nova perspectiva para a compreensão do pensamento religioso judaico. É importante ler Heschel porque, ao desenvolver a relação entre a consciência religiosa e Deus, ele traz uma importante contribuição para aprofundar o conhecimento religioso, o que redunda em ganho epistemológico para se fazer ciências da religião.

As idéias de Heschel também se direcionam para uma interface possível entre a religião e a psicologia, fontes fecundas de criatividade quando devidamente avaliadas em seus respectivos contextos de ação.

1. Abraham Joshua Heschel

o homem, o autor e sua obra

Deus me persegue em toda parte
Tecendo sua teia em torno de mim,
Brilhando sobre minhas costas
cegas como o Sol[1].

Neste capítulo pretendemos revelar alguns aspectos da biografia de Abraham Joshua Heschel, no intuito de apreciar o clima que envolve o contexto de sua obra, tendo como pano de fundo suas principais indagações filosóficas, religiosas, políticas e sociais. Construímos um percurso que nos permite conhecer o lugar de onde este homem fala, instrumentalizando o leitor para uma melhor compreensão do nosso trabalho.

Abraham Joshua Heschel nasceu em Varsóvia, no dia 11 de janeiro de 1907. Seus pais eram Moschê Mordekhai Heschel, que morreu quando ele tinha nove anos de idade, e Reizel Perlow Heschel, descendentes de rabis hassídicos, o que significa que constituíam uma família nobre no universo judaico. Várias lideranças judaicas, ligadas ao movimento hassídico do leste europeu desde o século XVIII, estavam entre os ancestrais de Heschel e mereceram grande reverência de sua parte. Sete gerações de mestres do hassidismo o antecediam, o que, segundo o rabino Marshall T. Meyer[2], fez com que este homem se tornasse o maior expoente do pensamento dessa tradição judaica.

A comunidade hassídica onde Heschel cresceu era constituída de judeus místicos e piedosos, formando um ambiente religioso de pie-

---

1. A. G. Leone, *A Imagem Divina e o Pó da Terra*, p. 69.
2. Cf. M. T. Meyer, In Memorian, em A. J. Heschel, *O Último dos Profetas*, p. 1-5. Marshall T. Meyer foi um importante líder judaico na América Latina, discípulo de Heschel.

tismo místico, em que as tradições eram cuidadosamente mantidas e a influência da sociedade moderna era pouco significante. Predominava o estudo da Torá permeado por lendas e por histórias de rabinos do passado, a oração meditativa era praticada sistematicamente e a todas as ações dos homens era atribuído um sentido cósmico.

À sua filha, Susannah Heschel, ele dizia ter sorte por haver nascido em um ambiente onde as pessoas estavam envolvidas com os problemas da vida interior, com a espiritualidade e com a integridade[3]. O pensamento deste homem foi profundamente influenciado por essas vivências, o que se evidenciou na sua admiração por dois importantes líderes hassídicos, o Rabi Israel Baal Schem Tov e o Kótzker Rebe, que vieram a inspirá-lo enormemente na fundamentação de seu trabalho, determinando uma certa concepção de mundo.

Israel ben Eliezer, o Baal Schem Tov (Mestre do Bom Nome), religioso fervoroso, conhecido pela sua grande misericórdia e capacidade de despertar a natureza amorosa dos homens, que assim expressa a *hessed* (a misericórdia). Ele veio a representar o universo da alegria, do êxtase, da admiração, da espontaneidade, da compaixão, da misericórdia e das inesgotáveis fontes de significado presentes na formação de Heschel. Segundo Meyer[4], o Baal Schem Tov era a lembrança de que poderia haver um paraíso na terra, enquanto o Rabi Menakhem Mendel de Kotz, o Kótzker Rebe, seu outro grande ídolo, o escandalizou ao fazer com que descobrisse o inferno nos lugares supostamente celestiais do nosso mundo. Sua visão severa a respeito da natureza humana denunciava a mentira e a falsidade nas intenções dos homens.

Kótzker representava o horror, a consternação, o desespero, o perigo, a indignação e a presença da dor e da dúvida. Ele desvelou, para Heschel, a dimensão de humildade do homem, alertando-o para o perigo da felicidade ilusória, em contraposição à tristeza daquele que sabe, que conhece. Esta influência é fundamental para a construção da filosofia do judaísmo proposta por Heschel.

Heschel nos conta que seu nome é o mesmo de seu avô, Rabi Avraham Joschua Heschel de Apt, o Ápter Rav, contemporâneo de Baal Schem Tov e o último grande rabino de Mezibusch, pequena cidade na província da Podólia na Ucrânia, mesmo lugar em que Baal Schem Tov, fundador do movimento hassídico, viveu seus últimos vinte anos.

Heschel passou a infância nesse lugar, onde sua imaginação infantil, envolvida por um clima de mistério e de magia, viajou em muitas jornadas, como ele mesmo diz: "Cada etapa feita no caminho era a resposta a uma oração, e cada pedra era a memória de uma maravilha"[5]. Encantado por um mundo de tradições e de contos, ele realmente se

---

3. Cf. S. Heschel, Introdução, em A. J. Heschel, op. cit., p. 9.
4. Cf. M. T. Meyer, In Memorian, em A. J. Heschel, op. cit., p. 5.
5. A. J. Heschel, *A Passion for Truth*, p. XIII. (Tradução da autora)

sentia em casa em Mezibusch. Para Heschel, sua memória de maior fascinação é associada a Baal Schem Tov, cujas parábolas despertaram um dos seus primeiros *insights* (introspecções), quando ainda criança: "Por um lado [Baal Schem Tov] se manteve como um modelo muito sublime a ser seguido e por outro lado por demais grandioso para ser ignorado"[6].

Foi com nove anos de idade que Heschel encontrou Kótzker. Desde então, ele permaneceu como um fiel companheiro e, também, como um desafio assombroso para Heschel: "Apesar de ele freqüentemente me paralisar, me levava a confrontar perplexidades das quais eu preferiria me evadir"[7]. Anos mais tarde, Heschel percebeu que era guiado por ambos, o Baal Schem Tov e o Kótzker, pois entendeu que essas duas forças em tensão coexistem internamente e, por vezes, uma polaridade era mais forte do que a outra, o que o levava a se perguntar: "Mas qual iria prevalecer, qual haveria de ser seu guia? As duas falavam de forma convincente, e cada uma se provava certa num nível e questionável num outro"[8].

Heschel[9] comenta que encontrou a morada da alma com Baal Schem Tov, mas orientado por Kótzker. Esses dois homens representavam duas vertentes da visão judaico-hassídica de mundo: de um lado a misericórdia e do outro a justiça severa, ambivalências que vieram a contribuir para a densidade e a complexidade da obra hescheliana.

Para Alexandre Leone, "Heschel não nega nem rejeita simplesmente a civilização ocidental moderna, ele a critica a partir de um ponto de vista não ocidental, o da mística judaica, usando, porém, a linguagem da filosofia ocidental"[10]. Ainda segundo Leone, no judaísmo não devemos nos preocupar com uma nova teologia, mas sim com o resgate da dignidade humana que pode ser recuperada[11]. Para Heschel, a dignidade humana pode ser resgatada pela consideração à realidade existencial, no aqui e agora da relação[12].

A mística judaica, é o foco de "A Oração como Experiência Mística em Heschel". Nesse artigo Leone cita os dois mestres do hassidismo, o Baal Schem Tov e o Kótzker, que são tratados em profundidade no livro *A Passion for Truth*, obra de Heschel publicada postumamente em 1973[13]. A espontaneidade, algo muito importante para o hassidismo, é um valor que Heschel persegue, acabando

---

6. Idem, p. XIV.
7. Idem, ibidem.
8. Idem, ibidem.
9. Idem, ibidem.
10. A. G. Leone, op. cit., p. 220.
11. Idem, ibidem.
12. Cf. A. G. Leone, A Oração como Experiência Mística em Abraham J. Heschel, *Revista de Estudos da Religião*.
13. Idem, ibidem.

por confrontar a ortodoxia no que se refere à forma recrudescida na transmissão dos conceitos encontrados na *Torá*. Talvez essa postura crítica explique o fato do autor não ser citado na comunidade religiosa judaica, segundo seus próprios integrantes. Fato que também ocorre no âmbito acadêmico, no qual ele é ainda pouco conhecido e estudado.

Do mesmo que Heschel, outros intelectuais judeus importantes, como Martin Buber[14] e Jacob Levy Moreno[15], foram muito inspirados pelo hassidismo, mas somente Heschel nasceu nesse meio, sendo marcado, desde suas origens, afetiva e intelectualmente, por esta cultura religiosa.

Ainda adolescente este futuro filósofo da religião começou a publicar seus primeiros artigos, estudos em hebraico sobre literatura talmúdica, apresentados em uma publicação rabínica de 1922-1923. Até então, possivelmente, não havia cursado outras matérias, além da *Torá*, *Talmud* e temas da mística judaica. Conforme foi crescendo, ampliou seus estudos para além do *Talmud*, passando a ler livros seculares.

Aos 17 anos, decidiu realizar algo inusual para aquela comunidade. Pretendia se inscrever em um curso secundário secular moderno com o objetivo de chegar à faculdade, o que se situava fora das perspectivas de um judeu tradicional da Polônia naquela época. Com a aprovação da família, ele vai para Vilna, onde se matricula no Yidish Realgymnasium. Neste período, participa de um grupo de poesia ídiche, conhecido como Iung Vilne, no qual escreve muitos poemas que são publicados em 1933, na coletânea *Der Shem Hameforesh: Mentsch* (O Nome Divino: Humano). Segundo Leone, nesta coletânea aparece, pela primeira vez, um importante alicerce do pensamento hescheliano, "a idéia de que o *Homo sapiens* só desperta para o humano, que lhe é imanente, quando desperta para o encontro com Deus"[16].

O humano hescheliano, como no hassidismo, é concebido como sendo inteiramente corpo e espírito, criado a partir da "imagem divina".

---

14. Filósofo, escritor e pedagogo de origem austríaca que tem sua obra marcada por uma crítica à sociedade moderna aliada a um retorno à tradição, na busca pelo reencontro com a utopia humanista.

15. Médico romeno criador do Psicodrama que viveu grande parte de sua vida nos Estados Unidos, onde desenvolveu o recurso da dinâmica de grupo e do psicodrama no trabalho psicoterápico.

16. A. G. Leone, *A Imagem Divina e o Pó da Terra*, p. 29. Para Heschel, a divindade é concebida como infinita e imanente, mas, por outro lado, esse infinito também é transcendente. Por isso, a concepção hescheliana de divindade é denominada de pan-enteísmo. Este conceito preserva a dimensão de transcendência, no qual Deus está além de tudo, mas se diferencia do conceito de panteísmo, em que Deus é a totalidade do mundo, ou seja, que tudo em Deus é mais do que o Universo. Também se diferencia de Espinosa por pensar que o divino imanente se manifesta através dos olhos humanos, principalmente olhos que choram e que, portanto, são sensíveis à experiência emocional, contrariamente à idéia de que a divindade se manifesta apenas na experiência intelectual.

Neste momento, já está presente em Heschel o "humanismo sagrado"[17], que vai transparecer mais intensamente na posteridade. Este primeiro contato com a cultura moderna marca uma mudança de paradigma na visão de mundo de Heschel, que deixa de ser, a partir de então, apenas um judeu tradicional.

Segundo Edward Kaplan, Heschel fundou um método que lhe permite alcançar pessoas fora de sua comunidade de fé, pois esse método consiste em interpretar as sutis modalidades da emoção[18]. Em Heschel opera-se, nessa perspectiva, uma somatória entre a piedade hassídica, a experiência poética e a fenomenologia de vertente scheleriana[19].

Após completar seus exames em 1927, Heschel foi estudar em Berlim para participar desse que era considerado o grande centro da vida intelectual e cultural da época na Europa. Inscreveu-se na Universidade de Berlim, no curso de filosofia e na Hochschule für

17. Cf. Edward Kaplan apud A. G. Leone, *A Imagem Divina e o Pó da Terra*.
18. Idem, ibidem.
19. A. E. Di Stefano, Max Scheler: a dimensão fenomenológica do sagrado, em G. Renzo; R. Gibellini, *Deus na Filosofia do Século XX*, p. 173-174. Heschel trabalha numa perspectiva scheleriana do pensar fenomenológico. Referimos-nos ao artigo escrito por Anna Escher di Stefano a respeito de Scheler, a fim de esclarecer a perspectiva fenomenológica adotada no pensamento hescheliano. O que Scheler faz questão de ressaltar é, mais uma vez, a autonomia da ética em relação a qualquer pressuposto acerca da essência, da idéia e da vontade de Deus. De qualquer forma, no último Scheler, a relação do homem com o divino sofre uma reviravolta: o ser primeiro interioriza-se no homem no ato mesmo em que o homem se funda nele. O lugar, portanto, da auto-realização do ser, isto é, da unidade de impulso e de espírito vem a ser o homem, o eu e o coração humano. Homem e Deus são correlativos: o homem não pode realizar o seu destino sem participar dos dois atributos do ente supremo e sem ser imanente a ele. Mas, nem mesmo o *Ens a se* (ser que existe por si próprio) pode realizar o seu próprio destino sem a cooperação do homem. O espírito e o impulso, dois atributos do ser, não são completos em si, independentemente de sua mútua penetração, eles se desenvolvem justamente manifestando-se na história do espírito humano e na evolução da vida universal. O homem, que na concepção anterior fora definido como idéia eterna de Deus, torna-se agora o único lugar em que e pelo que o ser originário se autocompreende e se auto-reconhece; não só isso, mas também o ser em cuja livre decisão Deus pode agir e tornar sagrada a sua essência simples. Para Di Stefano, Scheler, ao referir-se à metafísica, compreende que esta detém a resposta ao apelo do homem, contanto, porém, que por metafísica entenda-se a esfera de um ser absoluto como constitutiva da essência mesma do homem, bem como a autoconsciência ou a consciência do mundo. Segundo Di Stefano "se com as expressões, 'origem da religião' e 'origem da metafísica' não entendermos apenas o conteúdo de determinadas hipóteses e crenças dessa esfera, mas a origem dessa mesma esfera podemos dizer que tal origem vem a coincidir exatamente com o aparecimento do homem". Nessa perspectiva, a relação com o divino sofre, assim, uma reviravolta: Deus não mais existe para o homem, para apóia-lo, mas o homem existe para Deus, é o lugar do seu fazer-se concreto na Terra. A norma, o valor não são mais colocados em Deus, mas no próprio eu, na consciência da sua colocação no cosmos. A nova posição de Deus leva, pois, a uma nova concepção de mundo. O mundo torna-se a história de Deus, o espaço onde se manifesta a sua racionalidade e irracionalidade. O Deus onisciente, onipotente, infinitamente bom do teísmo está no final do devir divino, mas no início da história do mundo. Ele constitui um fim ideal, que, como vimos, é alcançado quando o mundo torna-se o corpo de Deus.

die Wissenchaft des Judentums, um seminário rabínico liberal. Na Universidade de Berlim, concentrou-se primordialmente no estudo da filosofia e, secundariamente, em história da arte e em filologia semítica. Nessa escola, especializou-se no moderno estudo dos textos judaicos e em história.

Susannah Heschel conta, no pequeno texto biográfico que escreve sobre o pai, que havia um outro seminário ortodoxo, com enormes diferenças teológicas em relação ao seminário rabínico de Heschel, que se situava na mesma rua[20]. Entre seus estudantes e os estudantes da faculdade não havia comumente um trânsito freqüente. Heschel era um dos únicos que transitava por esses ambientes, mantendo amizade e respeito em todos eles, um vislumbre da função de intercâmbio entre diferentes universos que esse pensador veio a exercer posteriormente com tanta propriedade.

Nessa escola, este pensador judeu foi aprovado em seus exames curriculares em 1929, recebendo um prêmio da escola por um ensaio intitulado "Visões na Bíblia", e foi nomeado instrutor, passando a ensinar exegeses talmúdicas para estudantes avançados. Em 1934, foi aprovado nos exames orais e recebeu o diploma rabínico pela Hochschule für die Wissenchaft des Judentums, com uma tese de graduação sobre *Apocrifia, Pseudo-Epígrafe e Halakhá*.

Enquanto isso permanecia bastante envolvido com seus estudos filosóficos. É importante notar que foi na Universidade de Berlim que Heschel teve o primeiro contato com a fenomenologia, que naquela época começava a ganhar muitos adeptos entre os intelectuais alemães. Esta corrente filosófica viria a constituir uma matriz do pensamento hescheliano. Segundo Leone, a linguagem fenomenológica funciona em Heschel como uma interface entre a visão tradicional judaica e os temas considerados relevantes no mundo intelectual ocidental[21]. Com isso, os temas judaicos podem ser debatidos pela intelectualidade ocidental, pois podem ser revestidos por uma linguagem conhecida.

Dessa possibilidade de encontro surgiu a tese de doutorado de Abraham Joshua Heschel, na Universidade de Berlim: *Die Prophetie*, um estudo da consciência dos profetas bíblicos, sob o ponto de vista do que teria sido a experiência desses homens no encontro com Deus. Ele se propõe a investigar, por meio de uma abordagem fenomenológica, o tema judaico da revelação, do encontro com a dimensão divina, tentando compreender o sentido que o homem bíblico deu a esse encontro. Sua tese é bem aceita pela academia alemã, mesmo durante a ascensão nazista. Porém, ele teve dificuldade em publicá-la, o que só aconteceu em 1936.

---

20. Cf. S. Heschel, Introdução, em A. J. Heschel, *O Último dos Profetas*.
21. Cf. *A Imagem Divina e o Pó da Terra*, p. 31.

O pensamento hescheliano propõe que o profeta seria diferente de outros místicos, pois estaria profundamente conectado ao seu tempo, participando de maneira crítica de sua sociedade, e sentiria, através do encontro com a dimensão divina, o pesar de sua época. Ele também sugere que a qualidade mais importante do profeta seria "a sensibilidade com o mal e a iniqüidade"[22]. Essa sensibilidade seria responsável por canalizar a compaixão divina à dor humana, o que Heschel definiu como *pathos divino*[23]. Deus, ao se revelar, não revela sua essência, que é inefável, mas sim sua mensagem, que exprime seu compromisso com a existência humana. A mensagem bíblica é direcionada ao homem, não somente sensível às suas dores e mesquinharias, mas também à qualidade, inerente ao homem, da realização plena de sua semente de imagem divina[24].

A dissertação de Heschel foi finalmente apresentada em 1932 e avaliada por dois professores, ambos do Departamento de Teologia e interessados em fenomenologia da religião. O diploma de doutorado lhe seria entregue dali a poucos meses, mas algumas complicações ocorreram. Ele precisaria publicar sua dissertação para a obtenção do diploma e não dispunha de recursos para tal. Além disso, nessa mesma época, mais precisamente a partir de 1933, a ascensão dos nazistas ao poder passou a restringir as possibilidades de seu percurso acadêmico. Ele insistiu na publicação, fazendo petições ao reitor da faculdade a cada dois meses, durante anos. Finalmente, em 1936, sua dissertação foi publicada pela Academia Polonesa de Ciências de Cracóvia. Além da publicação, a Academia interveio, com o consulado polonês na Alemanha, para pedir permissão ao governo alemão para distribuir o livro de um autor judeu nas livrarias alemãs. Com permissão especial, a Universidade de Berlim legitimou uma publicação não alemã e Heschel recebeu o grau de doutor por seu estudo *Die Prophetie* em dezembro de 1933.

O livro de Heschel foi muito bem aceito pela academia alemã, o que difundiu seu nome nos centros intelectuais daquele país. É notável que ele tenha conseguido ser reconhecido como intelectual de respeito por seus pares, em meio ao clima desfavorável que existia na Alemanha daquela época. Além disso, o livro de Heschel recebeu críticas favoráveis de diversos segmentos religiosos, inclusive de protestantes e de católicos. Tais críticas consideraram o texto como uma das mais importantes contribuições à filosofia da religião produzida naqueles tempos e chamavam a atenção para a correta e importante leitura que ele fazia sobre o Deus da Bíblia. Diante do ataque ao Velho Testamento, que acontecia na época em razão da tentativa de

22. Idem, ibidem.
23. Idem, ibidem.
24. Idem, p. 32.

erradicar o judaísmo das Escrituras cristãs, a recepção positiva de seu trabalho foi surpreendente.

Após a publicação de sua dissertação, Heschel ainda conseguiu publicar dois estudos sobre pensadores judeus da Idade Média: Maimônides e Abravanel (Isaac ben Judá Abravanel, 1437-1508). No primeiro, o que chamou a atenção dos leitores foi a maneira como Heschel abordou questões da vida pessoal de Maimônides e as articulou à sua produção intelectual, de forma a transformar a imagem desse pensador, até então austera, na imagem de um ser humano complexo e sensível. Nesse livro Heschel também levantou o tema dos próprios esforços de Maimônides para obter inspiração profética, um assunto controverso que ele discutiu vários anos mais tarde. O livro sobre Abravanel foi finalizado em 1937 e publicado como parte das comemorações do 500º aniversário de nascimento deste ilustre filósofo, que viveu durante o período das expulsões dos judeus da Espanha e de Portugal, no final do século XV.

Heschel permaneceu na Alemanha até 1938. Em 1937, Martin Buber convidou-o para ser seu sucessor no Judisches Lehrhaus, em Frankfurt. A ida a esse centro de estudos judaicos, fundado por Franz Rosenzweig[25], o colocou em contato efetivo com uma geração de pensadores denominada por Michael Löwy como "messiânico-libertária"[26]. Estes intelectuais judeus expressavam, em suas produções, a visão messiânico-redentora judaica, articulada aos ideais libertários e humanistas do ocidente, que teve grande influência sobre o pensamento ocidental, especialmente no período de pós-guerra do início do século XX. Segundo Leone, essa concepção de mundo foi fortemente influenciada pelo romantismo e se colocou como forte crítica ao processo de modernização da sociedade, já que entendia que a modernidade manifesta uma tendência desumanizante[27].

Nessa época, em Frankfurt, funcionava o Instituto de Pesquisa Social, onde os intelectuais, do que mais tarde ficou conhecido como Escola de Frankfurt, se reuniam. O pensamento frankfurtiano também propunha uma crítica ao processo de modernização, por sua tendência desumanizante, apesar de ter sido muito mais influenciado, evidentemente, pelo pensamento marxista do que pelo pensamento religioso. Apesar disso, entre os frankfurtianos estava presente Walter Benjamin, ligado fortemente ao movimento comunista e, tendo rece-

---

25. Um dos mais importantes filósofos-teólogos do século XX. Influenciou importantes pensadores como Walter Benjamin e Emmanuel Lévinas. Autor de *Stern de Erlösung* (Estrela da Redenção).

26. Cf. Messianismo Judeu e Utopias Libertárias na Europa Central, *Romantismo e Messianismo*, p. 131-188. Michael Löwy realiza um estudo sobre um grupo de intelectuais judeus que aliaram uma forte crítica à sociedade moderna a um retorno difícil à tradição.

27. *A Imagem Divina e o Pó da Terra*, p. 23.

bido grande influência judaica, sua obra se assemelha em muitos pontos à obra hescheliana, no sentido da dimensão da crítica à sociedade moderna, a partir de uma matriz judaica.

Os anos vividos em Frankfurt foram muito enriquecedores para Heschel, que se alimentou intelectualmente das excelentes discussões filosóficas que seus companheiros proporcionaram. Nesta época, a relação com os admiradores e interlocutores cristãos e mesmo os contatos com comunidades religiosas não foram rompidos, mas Heschel ficava estarrecido diante do não posicionamento político desses pares, em relação ao tratamento que vinha sendo destinado aos judeus naquele período.

Em 1938, os judeus que residiam na Alemanha e tinham passaportes poloneses foram repentinamente presos e deportados para a Polônia. Heschel havia passado sua temporada em Frankfurt com uma família judaica que morava em uma região tranqüila, nos arredores da cidade. Nesse período nunca deixou de cumprir os rituais judaicos, sustentando sua vida religiosa, mesmo em meio a uma Alemanha nazista cada vez menos tolerante.

Nos anos anteriores à deportação, Heschel vinha tentando conseguir alguma possibilidade de sair da Alemanha, através de seus contatos com intelectuais fora desse país. Chegou a obter um convite para lecionar na Inglaterra, mas seu visto foi negado. Também foi convidado pela comunidade judaica de Praga para lecionar em uma escola rabínica, projeto que não se realizou em razão da crise política no fim de 1937.

Heschel foi levado pela Gestapo, no meio da noite, com todos os seus livros, para uma delegacia e passou três dias de pé em um trem lotado de judeus deportados. Após a terrível jornada, enfim encontrou sua família em Varsóvia. Na Polônia, o clima era de otimismo frente a uma possível invasão alemã. Os poloneses subestimavam os perigos desta ameaça, pois confiavam em sua poderosa cavalaria. Mas Heschel continuava a buscar uma maneira de sair da Europa. Apenas seis semanas antes da invasão alemã acontecer, ele conseguiu sair de Varsóvia e viajar para Londres. Lá, ele encontrou seu irmão, Jacob, e durante seis meses viveu como refugiado junto a vários outros intelectuais judeus, que, unidos, fundaram o Instituto para o Aprendizado Judaico, até conseguir um visto para os Estados Unidos.

Seu visto foi obtido graças ao esforço de Julian Morgenstern, presidente do Hebrew Union College, em Cincinatti, que há alguns anos tentava conseguir vistos para eruditos judeus da Europa. O nome de Heschel foi escolhido entre os cinco que Morgenstern obteve, em razão de ele ter sido recomendado por muitos colegas graças às suas publicações e pela reputação conquistada na Alemanha. Formalmente, Heschel foi convidado para trabalhar como pesquisador da *Bíblia* e da filosofia judaica durante dois anos na universidade. Ele recebeu seu visto em janeiro de 1940 e em março chegou a Nova York.

Quando os nazistas invadiram Varsóvia, uma irmã de Heschel, Esther, foi morta durante um bombardeio, e sua mãe e uma outra irmã, Gittel, tiveram que abandonar a casa onde moravam. Passaram a viver momentos muito difíceis desde então. As duas acabaram sendo mortas pelos alemães algum tempo depois. Deborah, uma terceira irmã que morava em Viena, foi levada para Auschwitz, onde também foi assassinada logo após sua chegada. Somente a irmã mais velha, Sara, e seu marido conseguiram refugiar-se nos Estados Unidos e sobreviveram. Assistir ao assassinato de toda a sua família e ao genocídio generalizado dos judeus na Europa foi um acontecimento que abalou tremendamente a vida deste homem. Ele também assistiu involuntariamente à destruição de todo o universo cultural em meio ao qual foi criado, com o aniquilamento das várias comunidades tradicionais judaicas da Europa central, que preservavam a riqueza espiritual, cultural e material do mundo judaico asquenazita[28].

Heschel considerava-se uma "tocha arrancada do fogo da Europa"[29], que assistiu a todo o resto de sua família, seu povo e sua cultura incinerarem durante os cinco longos anos da guerra. É incrível que ele tenha sobrevivido a tamanha aniquilação. Para Susannah Heschel, a sobrevivência de seu pai foi uma dádiva, pois ele se tornou um importante porta-voz da religião, em uma época em que a espiritualidade estava em grande perigo[30]. Ela afirma que apesar de ter vivido todo esse horror, "sua vida continuou a refletir a dimensão sagrada que ele era capaz de despertar com suas palavras tão originais"[31].

A dimensão trágica do que havia acontecido a seu povo e seu luto pelo que havia ocorrido foram expressos primeiramente em 1945, quando ele ministrou uma conferência no Instituto para a Pesquisa Científica de Nova York. Ao falar sobre os costumes e os valores tradicionais da cultura judaica do leste europeu, Heschel fez uma elegia em ídiche, muito comovente, que provocou na platéia uma reação emocionada. Todos se levantaram e recitaram o *kadisch,* a oração judaica para os mortos. Nessa conferência, ele deu testemunho do espírito que norteou sua vida na infância e na juventude, fundado sobre a busca ativa da transcendência e sobre o cultivo da reverência ao ser humano por meio do estudo e da oração. Em 1949, ele publicou essa conferência com o título *The Earth is the Lord.*

Para Leone, Heschel transformou essas vivências terríveis em um sentimento de responsabilidade para com seu povo e com todos os outros povos que pudessem sofrer tamanha injustiça[32]. Ele tomou para si a tarefa de despertar a consciência dos homens através do *apelo profé-*

---

28. Judeus do leste europeu.
29. Cf. S. Heschel, Introdução, em A. J. Heschel, *O Último dos Profetas*, p. 8.
30. Idem, ibidem.
31. Idem, ibidem.
32. Cf. *A Imagem Divina e o Pó da Terra.*

tico bíblico de reverência à pessoa humana, considerada como imagem divina. Até o final dos anos de 1950, o apelo profético hescheliano foi exercido apenas por meio de seus escritos, que foram paulatinamente tornando-o conhecido nos círculos acadêmicos americanos. Somente no início dos anos de 1960, Heschel passou a participar ativamente da militância política e social, em prol do diálogo entre religiões e dos direitos civis (principalmente dos negros norte-americanos), da liberdade dos judeus na União Soviética e do fim da guerra do Vietnã. A partir daí, ele passou a ser conhecido pelo público em geral, apareceu em manifestações políticas e foi solicitado para entrevistas na televisão, nas quais falou como representante judeu do hassidismo contemporâneo.

O apelo profético, na concepção de Heschel, pretende que o homem alcance a superação da situação humana por intermédio da ação no mundo, o que o torna parceiro de Deus na criação do universo, portanto, criador do próprio humano, de si mesmo. Para ele, a redenção é fruto de uma escolha ativa, que faz com que, através do ato, um atributo essencial de Deus seja qualidade humana, dando sentido à condição humana. O homem portaria, inerentemente a sua condição, uma dignidade básica que o tornaria capaz de chegar à humanização. Nessa dignidade estaria presente o sagrado inerente ao humano. A jornada até a redenção acontece através das *mitzvás*, ações sagradas que pela tradição judaica são mandamentos ordenados aos judeus, que humanizam o ser, convertendo-o em uma imagem divina. Explicitam a responsabilidade individual pelo coletivo, tornando imperativa a percepção do sofrimento do outro e a tomada de atitude com o objetivo de eliminar ou atenuar tal sentimento.

Segundo Heschel, o homem moderno esqueceu-se de que representa a imagem divina, que é um símbolo, e esse esquecimento torna extremamente difícil ao homem encontrar o sentido para sua própria existência[33]. Diferentemente disso, o homem moderno cria símbolos aos quais serve, alienando-se de seu próprio sentido. Esta análise é chamada de fetichismo de mercadoria por Marx[34], o que significa a coisificação da existência humana, a desumanização em sua essência. Heschel propõe que no cerne dessa fetichização está a definição do objetivo da existência como mera satisfação das necessidades, contrária ao processo humanizante, em que é imprescindível que o homem descubra a si mesmo como uma necessidade[35].

Após a catástrofe do Holocausto, muitos intelectuais humanistas e não humanistas puseram-se a pensar sobre a crise da humanidade na sociedade moderna e sobre suas possibilidades de renovação e de colapso. Heschel propôs a realização desta tarefa através da religião,

---

33. Cf. A. J. Heschel apud A. G. Leone, *A Imagem Divina e o Pó da Terra*, p. 47.
34. K. Marx apud A. G. Leone, op. cit., p. 48.
35. Cf. A. J. Heschel apud A. G. Leone, op. cit, p. 48.

não de maneira ingênua, mas acrescendo uma reflexão de caráter emocional, coerente com o *pathos divino,* apelando para a atitude e para a busca da renovação do mistério que envolve a existência humana, em contraposição à apatia e à alienação que qualificam o homem moderno.

O tempo vivido em Cincinatti, como instrutor e não professor, foi bastante solitário. Heschel morava em um dormitório de estudantes, entre as cartas de pedido de ajuda que chegavam de seus familiares da Europa e de estudantes pouco interessados em textos judaicos. Alguns estudantes rabínicos do Hebrew Union College tornaram-se seus amigos, como também alguns professores da faculdade.

Foi nesse lugar que Heschel veio a conhecer sua esposa, Sylvia Straus, por intermédio de um desses professores. Ela era uma pianista vinda de sua cidade natal, Cleveland, para estudar em Cincinatti. Como conta Susannah Heschel, seu pai se apaixonou por sua mãe logo no primeiro encontro, ao ouvi-la tocar piano na casa desses amigos em comum[36]. Eles se casaram em dezembro de 1946, em Los Angeles, cidade para onde haviam emigrado os pais de Sylvia. Pouco tempo antes, ele havia recebido um convite da Jewish Theological Seminary para ocupar uma cadeira do movimento conservador, enquanto Sylvia havia sido incentivada a estudar com um pianista nova-iorquino. Assim, mudaram-se para Nova York logo após o casamento.

Durante os próximos anos, Heschel produziria as obras mais importantes de sua vida. Em 1951, escreveu *Man is Not Alone* e *O Schabat*; em 1952, *God in Search of Man* e em 1954, *Man's Quest for God*. A maneira como ele expressou a espiritualidade do hassidismo e a vida judaica do leste europeu nessa época constituiu um desafio em relação às categorias convencionais usadas pelos cientistas da religião na América pós-guerra, no que se refere à interpretação da experiência religiosa.

Os eruditos da religião acabavam por reduzir a experiência religiosa a uma experiência de devoção psicológica, ou, muitas vezes, criticavam-na como um fenômeno irracional e improdutivo. Sustentando uma posição contrária, Heschel não concebia que a religião fosse pensada em termos do racionalismo, mas sim, que deveria ser descrita em seus próprios termos. Ele atribuía à experiência religiosa a qualidade de um ato, de um modo de pensar em que a pessoa devota sente que Deus está próximo, sente a presença de Deus e tem consciência disso. A afinidade da pessoa devota com Deus seria sua persistente aspiração para ir além de si mesma, na busca por contribuir com a dimensão divina.

Heschel também criticava a concepção objetiva da religião, em que se caracterizava o evento religioso como restrito a um determinado

---

36. Cf. Introdução, em A. J. Heschel, *O Último dos Profetas*, p. 21.

tempo ou a uma resposta a uma crise social; por exemplo, ao risco de ruptura da coletividade, reza-se para manter a coesão social. Ele pensava que essas abordagens do conceito de religião dariam conta de descrever o que seriam os efeitos e as conseqüências do fenômeno religioso, mas não tratavam dele em si. A religião não era contemplada em termos do que ela significava. Para Heschel, a religião é, sobretudo, a dimensão sagrada da existência que está presente, sendo ou não percebida por nós[37].

Foi no começo dos anos de 1960 que ele passou a participar ativamente de movimentos sociais, tornando-se um ativista político de grande importância nos Estados Unidos. Em uma entrevista relatada por sua filha, Heschel explica que foi em uma revisão de sua dissertação sobre os profetas, para uma edição americana, que ele se convenceu de que deveria estar envolvido concretamente nas questões do sofrimento humano.

Em 1963, ele encontrou pela primeira vez Martin Luther King, em uma conferência nacional de cristãos e de judeus, onde se tornaram amigos. A partir de então, Heschel passa a se envolver ativamente na questão dos direitos civis nos Estados Unidos, escrevendo, ministrando palestras e fazendo manifestações.

Em março de 1965, ele participou da famosa marcha pelos direitos civis dos negros, ao lado de Luther King, em Selma, no Alabama. Era um dos líderes que marchavam na primeira fila de manifestantes. Pouco antes de iniciarem o percurso, foi realizado um culto em uma capela, durante o qual Heschel leu o salmo 27: "O Eterno é a luz que me guia e a fonte de minha salvação; a quem então temerei?"[38]. King realizou um sermão em que descreveu três tipologias entre as crianças de Israel e o deserto. Para esse judeu, a marcha foi um momento religioso, em que ele sentiu a consciência do Sagrado. Depois da experiência, ressentiu-se por perceber que muitos ativistas judeus participavam de manifestações sem estarem conscientes da tradição profética que esses atos realizavam.

Um comentário de Heschel sobre a marcha se tornou célebre: "Quando marchei com Martin Luther King em Selma, Alabama, senti que minhas pernas rezavam"[39]. Para ele, a ação política em defesa dos direitos civis era um ato religioso, uma prece pronunciada com fervoroso compromisso com a humanidade. Para ele, as pessoas religiosas deveriam participar da luta pelo triunfo do espírito contra a blasfêmia religiosa do preconceito racial. Em abril de 1968, King foi convidado a compartilhar com a família Heschel o *Sêder* de *Pessach*, mas antes dessa data foi assassinado.

---

37. Cf. *A Imagem Divina e o Pó da Terra*, p. 47.
38. A. J. Heschel, *O Último dos Profetas*, p. 25.
39. M. T. Meyer, In Memorian, em A. J. Heschel, *O Último dos Profetas*, p. 2.

A partir de sua participação na manifestação organizada por Martin Luther King, Heschel passou a despertar a atenção do público norte-americano, transformando-se na figura mais conhecida naqueles domínios. Tornou-se um *líder simbólico*, como diz Leone, que passou a inspirar a ação de negros e brancos, judeus e cristãos, românticos e esquerdistas e da juventude universitária daquela época[40]. Alguns depoimentos, a favor do ativismo político de religiosos e das causas humanitárias, eram escritos e pronunciados com uma linguagem emocionada, que tinha a finalidade de levar a experiência do *pathos divino* e inspirar a ação nos ouvintes e nos leitores. Em uma conferência nacional de religiões e de raças, em 1963, ele comparou a saída dos judeus do Egito e sua passagem pelo Mar Vermelho com a restrição da entrada dos negros nas universidades americanas, qualificando a segunda tarefa como ainda mais difícil que a primeira.

Heschel também trabalhou muito para o fim das restrições dos direitos culturais sofridas pelos judeus que moravam na União Soviética. Eles eram os últimos representantes do judaísmo do leste europeu, aquele que Heschel tanto queria preservar. Essa questão e a dos direitos civis dos negros eram tratadas sob o ponto de vista da desumanização e da profanação da pessoa humana, processo radical existente nas sociedades modernas, contra o qual os religiosos deveriam se posicionar de forma comprometida.

Outra grande causa defendida por Heschel, nos anos de 1960, foi a luta contra a guerra do Vietnã. Juntamente com Martin Luther King, ele participou do movimento pacifista que envolveu todo o país. Heschel ocupava o lugar de um *ombudsman* moral, que questionava e criticava o assassinato injustificado de civis vietnamitas, tendo uma posição de autoridade suficiente para que fosse ouvido por toda a sociedade, até pelo congresso e pelo presidente americano. Quanto aos capelães militares, Heschel proferiu duras críticas, acusando-os de hipocrisia religiosa e de indiferença humana. Essas posições são radicalmente contrárias à concepção religiosa hescheliana, que afirma que a tarefa do religioso na sociedade moderna é a de denunciar e de se levantar contra a injustiça, em nome da reverência a Deus e à sua imagem no mundo – a do ser humano. A fé no contexto da civilização moderna é um chamado para a ação.

Ao interpretar de maneira religiosa as questões políticas e sociais, este erudito religioso busca atribuir a elas um caráter universal. A transgressão da sociedade moderna em relação à desumanização é uma transgressão moral e não só política. Ao apontar que a América não agia de acordo com os fundamentos éticos religiosos, Heschel atacava o alicerce daquela sociedade, que havia sido fundada sobre preceitos básicos religiosos.

---

40. Cf. *A Imagem Divina e o Pó da Terra*, p.197.

Os esquerdistas daquele país apoiavam o posicionamento político e o ativismo social hescheliano, mas, por outro lado, não estavam de acordo com a possibilidade de interpretar religiosamente as questões político-sociais. Poucos foram os ativistas de esquerda que se posicionaram publicamente a favor de Heschel. Nesse percurso, ele acaba construindo um lugar singular. A habilidade que este homem tinha para transitar nesse espaço de tensão entre religiosos e esquerdistas, talvez tenha lhe rendido a grande popularidade que tinha entre jovens universitários judeus. Ele sustentava uma posição política e social coerente com sua raiz religiosa.

A ética de Heschel, que tem seus fundamentos em uma noção talmúdica, insiste na responsabilização do indivíduo pelo coletivo. A frase "Em uma sociedade democrática, alguns são culpados, todos são responsáveis"[41], presente nas obras de Heschel desde os anos de 1960 e, antes, na dissertação sobre os profetas, convoca o homem moderno a se implicar ativamente na luta pela humanização da sociedade e a se contrapor às inúmeras injustiças desses novos tempos.

Para ele, manter-se apático diante das atrocidades cometidas contra o próximo é uma atitude desumanizadora. Desumanizando o outro, eu também estou desumanizado, pois me alieno da humanidade. O homem deve estar atento, comprometido e preocupado com o outro ser humano. São os profetas bíblicos que formulam pela primeira vez a noção de responsabilidade individual pelo coletivo dentro da religião judaica. A *mitzvá,* conforme veremos no próximo capítulo, é a concretização dessa ética por meio de um ato.

Para Heschel, a ética religiosa deve ir além da letra da lei, a redenção só pode se dar através da reverência a Deus, por meio do acesso à dimensão divina, na experiência religiosa de cada pessoa[42]. A ética hescheliana é radical nesse sentido. Este pensador entendia que da mesma forma que uma democracia não é libertária se não contemplar o interesse pessoal de todos pelo coletivo, a religião que não se compromete com o social é somente fachada.

Durante a segunda metade dos anos de 1960, Heschel realizou uma importante empreitada em relação ao que acreditava ser a ética religiosa. A convite do Comitê Judaico Americano, ele foi a Roma e se envolveu com o Concílio Vaticano II, que tratava, entre outras questões, das relações do Vaticano com as religiões não católicas. Encontrou-se com o papa Paulo VI várias vezes, posicionando-se claramente em momentos em que tinha a impressão de que o Concílio estava enfraquecendo suas declarações no que dizia respeito aos judeus.

O papa Paulo VI, em uma visita feita pelo casal Heschel ao Vaticano, em 1970, elogiou os escritos do autor, dizendo que eram

---

41. A. J. Heschel apud A. G. Leone, *A Imagem Divina e o Pó da Terra*, p. 208.
42. Idem, p. 207.

muito espirituais e muito bonitos e que os católicos deveriam lê-los. O papa disse também que sabia do impacto que os livros de Heschel tinham sobre os jovens e que, portanto, era uma bênção que ele continuasse a escrever. A relação construída com o Vaticano desagradava imensamente a grande parte da ortodoxia judaica, mas Heschel insistiu na viabilidade desse diálogo. A publicação de uma declaração de desculpas do Vaticano em relação ao povo judeu, sobre a posição insustentável que havia sido mantida durante 18 séculos com esse povo, veio a corroborar com a iniciativa de Heschel e foi certamente fruto de seu trabalho. Para d. Joaquim de Arruda Zamith, Heschel:

> já era considerado, não só pelos seus, mas por muitos cristãos, um profundo teólogo, verdadeiro místico, bem como um homem capaz de testemunhar pela sua vida e suas ações, no meio das situações problemáticas de hoje, as vontades do seu Deus – um profeta dos nossos tempos![43]

O autor entende que Heschel busca legitimar um *lócus* inédito, um lugar onde filosofia e religião se estabeleçam em relação criativa, que viabilize um campo original, considerando a experiência religiosa fundamental para o pensamento. Assim, encontra na obra de Heschel uma excelente oportunidade para o estudo mais aprofundado do judaísmo, bem como uma forma especial de aprofundamento reflexivo sobre a Palavra de Deus.

No livro *A Cabala e seu Simbolismo*, de Gershom G. Scholem, há o desenvolvimento dos conceitos cabalísticos, citando a *Árvore da Vida* e seu importante significado poético na literatura religiosa judaica. Podemos observar a mesma raiz mística encontrada em Heschel, pois ambos tratam a Revelação como experiência mística profética do *pathos divino*. Segundo Scholem, *O Zohar*, ou *O Livro do Esplendor*, data do século XIII, e é tido como uma produção literária entre as mais importantes para muitas comunidades judaicas até os nossos dias, especialmente para os sefarditas, assim chamados por fazerem parte dos judeus advindos do Oriente, Marrocos e da Península Ibérica. Já para os judeus que viviam na Europa central e se integraram à cultura ocidental européia, o aspecto místico foi o primeiro a ter seu valor subestimado pelo pensamento racionalista, tendo por conseqüência a perda da compreensão dos símbolos contidos na literatura cabalística, que expressavam a experiência espiritual dos místicos. Os domínios espiritual e histórico se encontram entrelaçados de tal forma na realidade dos judeus, que, na visão do historiador Gershom Scholem, isso imprimiu à Cabala seu cunho específico.

De maneira simplificada, a vida e suas implicações encontram, na religião, um modelo de existência de ação no mundo, dentro de seus princípios éticos e filosóficos. Nas palavras de Scholem: "Na Cabala,

---

43. J. A. Zamith em A. J. Heschel, *Deus em Busca do Homem*, p. 5.

a lei da *Torá* tornou-se um símbolo da lei cósmica, e a história do povo judeu, um símbolo do processo cósmico"[44]. O autor comenta que, apesar de estar estrito ao estudo de poucos eruditos da religião, no século XVIII, com Israel Baal Schem Tov, fundador do hassídismo polonês, nasce um movimento religioso que traz luz à chave da compreensão dos símbolos místicos, através de contos e de parábolas narradas ao povo, o que abre a possibilidade de reavivar o sentido da tradição.

No livro de Moshe Idel, *Cabala: Novas Perspectivas*, também são encontrados estudos sobre a tradição mística, mas esse autor dá maior ênfase ao aspecto fenomenológico religioso da experiência mística, fazendo um contraponto com a perspectiva de Gershom Scholem, cujo ponto de vista preponderante é histórico.

A crítica hescheliana da filosofia pode encontrar eco em um filósofo judeu alemão, anterior a Heschel, Franz Rosenzweig, que entende a filosofia como algo que reduz a experiência a um conceito, a sua essência, com base nos universais, voltando seu interesse apenas para o mundo pensado ou idealizado, e não para a importância existencial do sujeito em relação ao outro. Rosenzweig, em seu livro *El Libro del Sentido Común Sano y Enfermo,* critica a busca da metafísica por um relato da essência das coisas. Ele exclui essa idéia de essência e nos direciona ao uso comum que fazemos das coisas e das palavras. *Senso comum* passa a ser um método para o pensar científico nessa concepção, que guarda a relação do sujeito com o conceito, considerando o acontecimento, fazendo valer a proposta de Heschel, concebida como pensamento situacional, na filosofia da religião que propõe.

Os últimos anos de vida deste ilustre judeu foram plenos de muito trabalho, sempre com o objetivo de colocar em prática, por intermédio de seus escritos ou de suas ações, a ética hescheliana diante da indignação com a desumanização da sociedade moderna.

Depois de uma semana típica de trabalho, em que finalizou mais um manuscrito e em que tratou de questões políticas desarmamentistas, Heschel deu sua última aula de sexta-feira no Seminário Teológico Judaico e voltou para casa. Passou o início do *Schabat* com a família e foi dormir. Segundo Susannah Heschel, eles planejavam ir à sinagoga juntos na manhã de sábado, dia 23 de dezembro de 1972, mas ele não acordou[45]. Para a tradição judaica, considera-se um sinal de grande devoção a morte serena durante o sono, ainda mais no *Schabat*. Essa morte é chamada de "beijo de Deus"; Deus havia beijado sua alma. Esta importante figura do século XX, intelectualmente reconhecida, este fervoroso religioso humanista, morreu aos 65 anos

---

44. Cf. G. Scholem, *A Cabala e seu Simbolismo*, p. 9. Scholem é um historiador relevante para o judaísmo pela compilação de importantes documentos históricos a respeito da Cabala.

45. Cf. S. Heschel, Introdução, em A. J. Heschel, *O Último dos Profetas*, p. 31.

de idade em Nova York, deixando um legado importantíssimo. Sua obra permanece indagando a sociedade moderna quanto à sua ética e os religiosos quanto à sua postura ativa no mundo.

Como pudemos perceber, há uma relação visceral entre a história de vida de Heschel e os seus escritos. Isso pôde ser observado não só nas tentativas de manter as suas tradições judaicas, como também no seu posicionamento político e social, que se baseava na humanização de todo e qualquer homem.

Investidos de grande interesse pelo tema em questão, o que nos move nesse sentido é encontrar os recursos que o autor nos oferece para o desenvolvimento da consciência do inefável, que será o assunto tratado no próximo capítulo.

2. Os Fundamentos e as Características da Consciência Religiosa

Deus me persegue como uma densa floresta. E eu, totalmente maravilhado, sinto meus lábios emudecerem. Como uma criança vagando por um antigo santuário[1].

O objetivo deste capítulo é demonstrar a maneira pela qual Heschel, em seu livro *Deus em Busca do Homem,* indica a via religiosa como um trajeto para o conhecimento. Segundo ele, o percurso da narrativa bíblica serve à consciência que se abre para o drama da condição humana. O autor nos incita a compreender e a reformular questões às quais atribui significado efetivo para o entendimento da estrutura dos conceitos fundamentais, comuns à ciência, à filosofia e à teologia. Proporciona também embasamento para uma renovada perspectiva da filosofia da religião, sob o ponto de vista do pensamento judaico. Tece críticas à teologia, entendendo-a como, essencialmente, descritiva, normativa e histórica, valorizando o método e o espírito da indagação filosófica[2].

No sentido estrito, Heschel pretende evidenciar as diferenças entre o pensamento grego e o judaico, a fim de relevar aspectos prioritários à consciência religiosa, demonstrando a importância epistemológica

---

1. A. G. Leone, *A Imagem Divina e o Pó da Terra*, p. 69.
2. A. G. Leone, em seu livro *A Imagem Divina e o Pó da Terra*, p. 225, comenta: "Heschel foi um dos primeiros pensadores judeus depois do Holocausto a falar em renovação judaica. Mas o que é essa renovação? Será ela uma nova linguagem? Será a adaptação da tradição, sem questionamentos, à sociedade de consumo? Já vimos que não. O foco central da renovação do judaísmo não está em uma nova teologia, mas antes no reencontro com a dignidade humana. Essa dignidade poderia ser despertada, segundo Heschel, no reencontro dos homens com o tempo enquanto tempo da vida. Não o tempo morto dos relógios, mas o tempo vivo dos calendários e da memória coletiva".

dessa abordagem. Esta é inseparável da exigência de honestidade intelectual que possibilite o *autodiscernimento* dentro do judaísmo, condição para restabelecer uma avaliação crítica da filosofia da religião.

A perspectiva hescheliana, de pensar o problema humano, tem como postulado a concepção do homem bíblico e sua relação com o divino, e o sujeito como co-participante da criação. Nela, o pensamento crucial, na mensagem dos profetas, *não é a presença de Deus para o homem, mas, antes, a presença do homem para Deus*. Por isso, Heschel compreende a *Bíblia* mais como uma antropologia de Deus do que como uma teologia do homem. "Os profetas não falam tanto no interesse do homem por Deus, como no interesse de Deus pelo homem"³. Nossa capacidade de buscá-lo é intrínseca a Ele. Quanto a esta compreensão, torna-se pertinente o seguinte comentário de Leone:

> Heschel sugere o profeta, diferente de outros tipos de místicos, como profundamente ligado ao seu tempo participando, geralmente de forma "crítica" de sua sociedade, sentindo, por meio do encontro com a divindade, inclusive na dimensão emocional desse encontro, a dor de sua época⁴.

Heschel apresenta e utiliza, com sentidos que vai precisando, noções tais como: *autodiscernimento radical*, *teologia profunda*, *autocompreensão radical* e *insight espiritual*. Ao longo desse percurso resgata, na religião, o *sublime*, o *evento*, a *adoração*, o *prodígio* e o *senso de mistério*, definindo-os como elementos e alusões indispensáveis para uma avaliação mais ampla e crítica da questão.

O texto se divide em três temas: Deus, Revelação e Resposta. Neste trabalho, nos ateremos ao primeiro tema, abordando a relação entre o desenvolvimento da consciência religiosa, Deus e o mundo. Este capítulo trata daquilo que Heschel considera a base do pensamento judaico, à qual ele julga ser indispensável à reflexão. Entende que só esta reflexão efetiva a respeito da base permite criar um novo lugar de discussão entre as diversas tendências filosóficas.

Iniciaremos o desenvolvimento do tema acompanhando a reflexão sobre os limites da filosofia e da teologia. A seguir, comentaremos os dois tipos de pensamento descritos por Heschel, o pensamento conceitual e o pensamento situacional, sua abordagem da filosofia da religião e a tensão que ele pensa haver entre a filosofia grega e o pensamento judaico. Finalmente, apresentaremos sua análise dos fundamentos para uma filosofia do judaísmo, tanto como pensamento religioso quanto como caminho para o autodiscernimento.

3. *Deus em Busca do Homem*, p. 517.
4. *A Imagem Divina e o Pó da Terra*, p. 31.

FILOSOFIA E TEOLOGIA

O predomínio da razão na filosofia é a principal diferença em relação ao pensamento religioso, para o qual todo discernimento está relacionado com a vontade de Deus. Heschel adota a perspectiva epistemológica do pensamento aberto, que se sobrepõe àquele que se dirige de imediato para a busca de soluções.

Para o autor, no processo do pensamento é de suma importância formular questões, pois: "Uma resposta sem uma pergunta é privada de vida. Pode entrar na mente; não penetrará na alma. Pode tornar-se uma parte do intelecto; não chegará a ser uma força criativa"[5].

A teologia, por sua vez, se refere a um sentido último, o que, para o autor, diz respeito a respostas de caráter dogmático, antecipadamente formuladas, restringindo a liberdade de pensamento, ocupando-se mais da descrição, da norma e da história a respeito de como Deus se apresenta para o humano. Deixa de lado a necessidade premente de estabelecer o homem como centro da preocupação do relacionamento com Deus.

Ao propor uma teologia da profundidade, Heschel aponta o que considera um erro grave da teologia conceitual: o fato desta ter separado a existência dos atos religiosos das afirmações acerca da própria teologia. Ele diz que as idéias a respeito da fé não deveriam ser estudadas de modo totalmente apartado dos momentos de fé, pois, nessas ocasiões, a experiência do homem em conectar-se intimamente pela atitude de reverência, e, religiosamente, encaminhar-se em direção à Luz, não pode ser apreendida pela formulação de um conceito[6].

Heschel também critica de forma contundente a religião judaica, que, ao ser questionada a respeito do seu declínio na atualidade, procura se isentar, julgando que a ciência secular e a filosofia anti-religiosa são as responsáveis pelo afastamento dos fiéis. Afirma que a religião deve assumir o reconhecimento dos fatos que a levaram à decadência a partir do momento em que se tornou *irrelevante, insensível, opressiva* e *insípida*. Em suas palavras:

> Quando a fé é substituída pela profissão de fé, a adoração pela disciplina, o amor pelo hábito; quando a crise de hoje é ignorada por causa do esplendor do passado, a fé se torna mais propriamente uma herança tradicional do que uma fonte de vida; quando a religião fala mais pela autoridade do que pela voz da compaixão, sua mensagem torna-se sem significado. *A religião é uma resposta aos problemas fundamentais do homem*[7].

Vemos que o autor propõe manter essa questão como o foco principal da filosofia da religião, tendo como sua tarefa fundamental descobrir os problemas para os quais a religião é uma resposta rele-

---

5. *Deus em Busca do Homem*, p. 16.
6. Idem, p. 21.
7. Idem, p. 15.

vante. Volta a consideração filosófica para o âmbito existencial, o que equivale a trabalhar com a descrição das experiências da consciência enquanto atividade do conhecimento. Considera não só a questão do Homem em geral, mas também dos homens em particular, a fim de estender o conhecimento filosófico ao cotidiano, como condição para atingir algum conhecimento a respeito de Deus[8].

Essa perspectiva tem, portanto, uma face antropológica e uma psicológica. Heschel encontra uma importante via inclusiva por meio do processo do pensamento/razão, que está também presente no acesso ao temor e às emoções, tais como aquelas relacionadas com o sublime e a admiração. Na vivência dessas emoções, de estados afetivos em que há forte carga de energia emocional, assim como dos sentimentos que fazem parte da consciência de si próprio.

Apesar de não ser o estudo dos aspectos psicológicos o principal foco desta pesquisa, que se volta para aspectos espirituais da vida religiosa, é preciso mencionar a contribuição que Heschel dá para a investigação da dimensão psicológica do fenômeno religioso. Essa se encontra na descrição minuciosa e na diferenciação sutil de perfis do fenômeno do âmbito emocional, relativos à função psíquica subjetiva. O estudo de sentimentos e de emoções relacionados, como do uso dos termos *admiração, sublime, temor, senso de mistério, fé*, é essencial para uma aproximação do desenvolvimento da consciência religiosa. Há também a possibilidade de se descrever o afeto como fonte de *insight* e de transformação interior que o sujeito experimenta no encontro com a dimensão inefável[9].

A análise empírica e fenomenológica dos conteúdos emocionais da experiência religiosa, presente na abordagem do autor, pode ser também de extrema valia quando aplicada ao campo psicoterapêutico

---

8. Cf. J. Guttman, *A Filosofia do Judaísmo*, p. 28-29, para expandir a compreensão da concepção religiosa da Revelação e do profeta em Heschel: "A visão do profeta, e o caráter distintivo da religião bíblica, devem-se à concepção ética da personalidade de Deus. O Deus dos Profetas é exemplificado por Sua vontade moral, que exige e comanda, promete e ameaça, que governa de maneira absoluta e livre os homens e a natureza. Esta concepção de Deus desenvolveu-se aos poucos na história da religião israelita. [...] O seu traço decisivo é que não se trata de um monoteísmo baseado em uma idéia abstrata de Deus, porém em um divino poder da vontade que governa como realidade viva a história. Este voluntarismo ético implica uma concepção inteiramente personalística de Deus e determina o caráter específico da relação entre Deus e o homem. É um relacionamento ético-volitivo entre duas personalidades morais, entre um 'Eu' e um 'Tu'. Assim como Deus impõe Sua vontade à do homem, do mesmo modo o homem torna-se cônscio da natureza de sua relação com Deus". Cf. também, idem, p. 36.

9. Ainda sobre a experiência religiosa, é em Mouroux apud J. Lacoste, *Dicionário Crítico de Teologia*, p. 706, que poderemos entender a experiência em vários graus de profundidade. "'Neste sentido, sublinha Mouroux, toda exp. espiritual que a autentica é de tipo experiencial'. Assim, a exp. que nasceu com o simplesmente vivido, eleva-se, na ciência ao racional; e exalça-se nesse momento privilegiado, ao existencial, ou 'metempírico'. É a esse último tipo que pertence a exp. religiosa".

da psicologia clínica. Isto porque nos possibilita a compreensão mais acurada do aspecto criativo da experiência religiosa, uma vez que não está restrita a categorias de pensamento que a definam, exclusivamente, por comparação com a compreensão psicopatológica. Essa incorreria na *cauterização* da vivência por meio de interpretações redutivas ou pela indevida medicação do sujeito que tenta expressá-la. E, conseqüentemente, acarretaria a perda da função criativa reparadora da vivência religiosa, no que tange ao resgate de significado à vida, assim como ao aprofundamento da consciência do sujeito, quando este tem acesso à dimensão espiritual da realidade existencial.

A compreensão dos sentimentos e das emoções experimentados no caminho de desenvolvimento da consciência religiosa e a dinâmica psíquica em que o fenômeno se dá servem como instrumentos de avaliação diagnóstica, aplicáveis a esse campo psíquico de investigação.

Heschel compreende que enfocando a dinâmica de envolvimento emocional "a pesquisa deve emanar tanto do aprofundamento da consciência do homem quanto dos ensinamentos e atitudes da tradição religiosa"[10].

Ao desenvolver as idéias filosóficas e teológicas, Heschel distingue, localiza e ilumina aspectos fundamentais do pensamento judaico que foram negligenciados pela cultura ocidental. Diante disso, no que se refere à capacidade intelectual de reflexão, podemos introduzir a crítica de Franz Rosenzweig[11] (1886-1929):

A crítica de Rosenzweig está na busca metafísica por um relato da essência das coisas. Ele exclui a idéia de essência e nos direciona ao uso comum das coisas e das palavras. Senso comum passa a ser um método para o pensar científico nesta *nova filosofia* que possui como ponto de apoio a relação entre o pensador e o pensado. A relação com Deus, com o homem ou com o mundo, não depende de saber o que estes são em si[12].

Então, a pergunta sobre *o que uma coisa é em si* deve ser evitada para Rosenzweig, porque se dirige aos conceitos especulativos que acabam por acarretar um estado de alienação, por ele entendido como sonambúlico e paralisante. Rosenzweig compreende que "o sentido comum saudável é a fé na vida tal como esta é no dia a dia, em seu aspecto mais comum e, sobretudo, precisamente como é limitada pelo nascimento e a morte[13]".

10. *Deus em Busca do Homem*, p. 15.
11. Cf. K. Armstrong, *Uma História de Deus,* p. 371. Esse filósofo do judaísmo, por muitos considerado pragmático e, ao mesmo tempo, um verdadeiro existencialista, entendeu que o isolamento absoluto de cada ser humano individual só encontra verdadeira resposta quando Deus se volta para nós. Somos então redimidos do anonimato e do medo que experimentamos na vida. Deus não reduz nossa individualidade. Ele nos possibilita, sim, atingir a plena autoconsciência.
12. C. Guarnieri, O Novo Pensar de Franz Rosenzweig, *Agnes*, p. 50.
13. F. Rosenzweig, *El Libro del Sentido Comun Sano y Enfermo*, p. 17.

Seu método diferencia-se como um sistema de descrição de correlações que o "senso comum" experimenta na existência. Na qualidade de pensador religioso opera a Revelação como categoria fundamental, tomada como base da relação existencial do homem com Deus e com o mundo. Contrapõe-se à idéia de auto-suficiência da razão, que se constrói a partir de um sistema que abarca a totalidade em detrimento do particular[14]. Portanto, *uma coisa em si* não existe, chega-se ao *nada*. *Algo* só é passível de existência se estiver vinculado a outrem, num diálogo que estabelece uma relação de alteridade. Deus é o outro absoluto, por excelência[15].

Heschel, por sua vez, tampouco admite que a compreensão literal ou simbólica do conceito possa abranger o sentido do inefável e adverte que é sempre limitada nossa capacidade intelectual de explicação. Ignorar nossos limites leva-nos ao risco de reduzi-la.

Nesse sentido, para o autor, a procura dos símbolos pode constituir uma armadilha para aqueles que buscam a verdade. Os símbolos podem distorcer *o que é literalmente verdade ou profanar o que é inefavelmente real*. Podem também acarretar, quando empregados no santuário interior da alma, o afastamento do nosso desejo de Deus e seu desvio para fins meramente estéticos. A força de sua representação acarreta dúvidas a respeito da verdade histórica divina e pode implicar uma interpretação segundo a qual, nas palavras do autor, *"nem mesmo Deus conseguiu transmitir sua vontade a nós, e que nós não conseguimos entender sua vontade"*[16].

Para o autor, *o homem fala por símbolos. Deus fala em acontecimentos e mandamentos*. Assim ele nos diz:

Pensando em tudo isso, começa-se a querer saber se o simbolismo é uma categoria autêntica de religião profética. Ou se não é um meio de uma apologética mais alta,

---

14. Idem, p. 50.
15. Segundo J. Lacoste, op. cit, p. 705-706 e 112-113, podemos também utilizar a noção de alteridade dentro do conceito de experiência. A experiência seria o fato originário, primitivo, o contato com o real e a condição de todo saber e ação. Tal experiência é diversa da adquirida pela simples prática da vida (*Erlebnis*), ou do saber resultante desse contato com o real (*Ehrfarung, empeiría, experientia*), e diversa ainda da experimentação científica, baseada em hipótese (*experimentum*). A experiência seria, então, o encontro de uma alteridade, de um outro também consciente, que propicie uma reciprocidade. Ou seja, a mais profunda condição da experiência é a consciência de si, que cresce pela experiência externa: "a alteridade promove a consciência de si". Já para o idealismo a experiência é uma criação do espírito, constituindo-se, simultaneamente, em "recepção e criação, acolhida e espontaneidade em proporções infinitamente variáveis". A alteridade pode ser entendida como relacionada ao outro absoluto e ao amor. "Aquele que não ama não conhece a Deus; porque Deus é amor" (I João, 4,8), implica que Deus se faz conhecer pelo amor, "conhece-se a Deus amando-o e amando seu próximo", o outro. Há na *Bíblia* três tipos de amor: O amor de Deus pelo homem (Gn 1, 26-29, Ex 19, Jr 31,3, Dt 7, 79, p. ex); o amor do homem por Deus (Dt 6,5, Sl 118[119]); e o amor do próximo (Lv 19,18, Dt 10, 18 e s.).
16. A. J. Heschel, *O Homem à Procura de Deus*, p. 182.

um método de racionalização. O que faz com que a *Bíblia* seja única é o fato de ela descobrir a vontade de Deus em palavras simples, dizendo-nos da presença de Deus na História e não em sinais simbólicos e acontecimentos míticos. A escada misteriosa que Jacó viu foi um sonho; a redenção de Israel do Egito foi um fato de ferro. "A escada estava no ar enquanto a cabeça de Jacó estava sobre uma pedra"[17].

Tanto Rosenzweig quanto Heschel livram a interpretação do conceito da compreensão literal e da redução a um fenômeno psíquico. A idéia de Deus não é somente compreendida como referida a um símbolo. Segundo Heschel, se há alguma coisa no mundo que a *Bíblia* olha como "símbolo de Deus é o homem, cada homem"[18]. A idéia de Deus é *real*, encontra-se concretizada na materialidade de Sua criação, o homem. Para o pensamento judaico, o valor maior é o homem, ele mesmo expressão da realidade da obra do Criador.

Heschel questiona a finalidade e a apologia do simbolismo como um *lugar de encontro* do material e do espiritual, do invisível e do visível. Assevera que, num sentido distinto, *o judaísmo tem o seu lugar de encontro no Santuário*[19]. Esse compreende, de modo objetivo, um lugar para salvaguardar a (e para compartilhar da) presença divina nas relações comunitárias e, de modo subjetivo, é entendido como um lugar de encontro na alma, isto é, a interioridade como templo espiritual. Porém, o autor entende que, historicamente, o sentido do encontro deixou de ser apreendido por conotações de espaço, para ser mais relacionado com as de tempo e faz o seguinte comentário: "Contudo, na sua história, o ponto de gravidade mudou do espaço para o tempo, e em vez de um lugar de encontro tornou-se um *momento de encontro*. O encontro não está numa coisa, mas num ato"[20].

O autor reconhece que se consideram, também, os atos rituais como *momentos* em que *o homem se identifica e participa com Deus*. No entanto, vê os símbolos como à parte da alma, separados do ser de cada um. "Deus pede o coração, não um símbolo. Deus pede atos, não cerimônias"[21].

Heschel observa que, em vez de se conceber um lugar de encontro, tornou-se mais importante conceber *um momento de encontro*. Mas ressalta que o encontro não está numa coisa, mas num *ato*. Essa concepção implica ter como virtude ética as *atitudes* que o homem religioso assume com a responsabilidade de atender a outrem.

17. Idem, p. 182-183.
18. Idem, p. 158.
19. O Nome na tradição Judaica será muito sensível ao Nome Inefável, cuja pronúncia será proibida. O Templo (Santuário) é simplesmente, para o *Deuteronômio*, "a casa sobre a qual meu nome será invocado". Cf. J. Lacoste, op. cit., p. 159.
20. *O Homem à Procura de Deus*, p. 177.
21. Idem, ibidem.

Compreendemos, então, que o cuidado a ser tomado, tanto em relação aos limites da linguagem quanto em relação a quaisquer meios de expressão, é o de jamais perder de vista o valor da vida humana em *relação*. Esta é tão sublime quanto a realidade do inefável, quanto o mistério da realidade de Deus. E seu valor está acima de qualquer dúvida, ao mesmo tempo em que é absolutamente inacessível à mente racional.

É de fundamental importância a diferença que Heschel estabelece entre conceitos que ele denomina *mortos* e *vivos*, pois esta permite compreender aquilo que constitui os alicerces de nossos questionamentos: "Um conceito morto pode ser comparado a uma pedra que alguém plantou no solo. Nada germina. Um conceito vivo é como uma semente. No processo de pensamento, uma resposta sem uma pergunta é privada de vida"[22].

Podemos entender por *conceito morto* aquele que não corresponde à vitalidade da indagação, isto é, quando perguntas em relação a ele não podem ser formuladas. Não dá ocasião à nossa tentativa de compreender o que de mais íntimo e precioso uma pessoa possa ter para desenvolver suas potencialidades, nem à força de expressar-se como si mesma.

Então, a resposta se dá por meio da aplicação de conceitos descontextualizados, transforma-se em estereótipo que atende ao intelecto, que fica mais motivado para suprir a necessidade de controle e de poder do que para acolher a própria alma em busca de força e de expressão criativa.

Heschel compreende que o sentido do inefável não pode ser apreendido nem no sentido literal, nem no significado simbólico. Em suas palavras: "Exatamente como o fraco de espírito iguala a aparência com a realidade, assim o sábio iguala o expressável com o inefável, o simbólico com o meta-simbólico"[23].

Para Heschel, um resultado profícuo pode resultar de uma relação dialética entre a religião e a filosofia, à medida que ambas se permitam diluir posições cristalizadas em conceitos, posições essas que acabariam por romper a seiva de vitalidade que alimenta suas raízes.

Nessa perspectiva, podemos analisar fatores sócio-culturais que configuram situações dramáticas, como, por exemplo, aquela em que o ser humano é levado a imitar as virtudes compreendidas por uma concepção ideal. A falácia das virtudes imitadas pode servir para justificar idéias que ganham poder apenas enquanto tais. Mas elas acarretam atitudes ideológicas, como o segregacionismo, as guerras, as perseguições e os crimes hediondos cometidos contra a humanidade. Servem a fins perversos, tendo sido, paradoxalmente, inspiradas em *ideais*. A negligência, a indiferença e o congelamento dos sentimentos humanitários, que se originam nas situações resultantes, mantêm a conjuntura degradante em todo o alcance da experiência humana.

---

22. *Deus em Busca do Homem*, p. 16.
23. *O Homem à Procura de Deus*, p. 178.

PENSAMENTO SITUACIONAL
VERSUS PENSAMENTO CONCEITUAL

Segundo Heschel, para uma filosofia fenomenológica existencial[24] é importante a discriminação de dois momentos relacionados a conceitos e situações. Um leva em consideração o aspecto racional do entendimento, denominado *pensamento conceitual* como ato da razão. O outro, denominado por Heschel *pensamento situacional,* implica o sujeito da experiência no contexto[25]. Neste a vivência mobiliza emoções e sentimentos, e possibilita ao sujeito exprimir julgamentos na avaliação de seu envolvimento *in situ*. O autor declara:

> Atualmente, o que era o conflito do século XIX entre ciência e religião está sendo substituído por uma controvérsia entre o tipo de pensamento que tem como objeto particular conceitos da mente e um estilo de pensamento que tem como objeto a situação do homem[26].

Ele admite que tanto a razão quanto os sentimentos fazem parte da atitude do pensador conceitual, se ele tiver em vista a situação como um todo. Propõe certo distanciamento do fenômeno, para possibilitar a avaliação do acontecimento, mas sem que se perca a ligação com a percepção interior das emoções emergentes, o que enriquece a observação. Sobre a diferença dos dois tipos de pensamento, o autor escreve: "a atitude do pensador conceitual é a de imparcialidade: o sujeito enfrenta um objetivo independente; a atitude do pensador situacional é a de preocupação: o sujeito imaginando que está envolvido numa situação que tem necessidade de compreender"[27].

Segundo essa visão, não podemos desenvolver uma reflexão sobre o homem sem considerar todos os seus perfis que nos aparecem,

---

24. A. G. Leone, op. cit., p. 30, comenta que um dos elementos da matriz do pensamento de Heschel "é a fenomenologia que, naquele tempo (1929), começava a ganhar muitos adeptos entre os intelectuais alemães. A linguagem fenomenológica funciona, em Heschel, como uma interface entre a visão tradicional judaica e os temas considerados relevantes no mundo intelectual ocidental, além de vestir com uma linguagem inteligível o debate ocidental, temas tratados pela tradição judaica".

25. Referimo-nos à experiência religiosa da forma como apresentada por Heschel, experiência esta que no caso do autor está dentro do judaísmo. Segundo J. Lacoste, op. cit., p. 707, no verbete "experiência": "No monoteísmo judaico, a experiência religiosa é especificada por elementos decisivos: Deus, criador, falou na história: escolheu para si um povo, libertou-o da escravidão do Egito, concluiu com ele uma aliança de salvação codificada na Lei; no Sinai, revelou a Israel sua santidade, sua glória e o esplendor insustentável de seu mistério. Pela voz dos Profetas, cuja inspiração não se reduz à expressão, mesmo privilegiada, de uma experiência pessoal (Cf. Pio X, encíclica *Pascendi*, 1907, DS 3490-3491), por acontecimentos fastos ou nefastos, Deus, autor da salvação e Revelador, sustenta a esperança messiânica de seu povo, corrige suas infidelidades, previne-o contra a infidelidade suprema: a idolatria".

26. *Deus em Busca do Homem*, p. 17.

27. Idem, p. 18.

sob o risco de prender o conceito numa camisa de força, fazendo da elaboração intelectual uma racionalização redutiva, como indicamos acima. Heschel valoriza a expressão da alma na plenitude de seu potencial criativo. Diz ele:

> A não ser que estejamos envolvidos, o problema não existe. A menos que estejamos amando ou lembremos vivamente o que nos aconteceu quando estávamos amando, ignoramos o amor. O pensamento criativo não é estimulado por problemas vicários, mas por problemas pessoais. [...] A alma só comunga consigo própria quando o coração é incitado[28].

É também assim que Heschel nos convida à apreciação de seu pensamento, despertando nosso envolvimento. Leva-nos para bem longe da idéia segundo a qual todos os problemas fundamentais já foram respondidos. Possibilita-nos superar uma posição idealizada infantil e uma atitude indiferente em relação às idéias religiosas.

De acordo com ele, devemos estar entre os que consideram a existência prioritária em relação às demais questões, "sobrepujando todas as formulações finais"[29] e tomando as dificuldades como ponto de partida de nosso pensamento. Esses são os motes que mobilizam nossa busca de sentido existencial[30].

UMA REFLEXÃO HESCHELIANA: AUTOCOMPREENSÃO RADICAL – TEOLOGIA DA PROFUNDIDADE

Em sua origem grega, "fenômeno" quer dizer luz, brilho. *Fenômeno+ logia* é, assim, o estudo do fenômeno, a busca de sua coerência lógica. Implica permitir que as coisas se manifestem como são, sem que projetemos nelas as nossas construções intelectuais[31]. A consciência é considerada, sob o ponto de vista da mística judaica, como um dos atributos divinos pelo qual o ser humano se diferencia de outras espécies. A capacidade de refletir significa a volta da consciência ou do espírito sobre si mesmo para exame de seu próprio conteúdo.

Para as filosofias fenomenológico-existenciais, *consciência* é um termo fundamental. Heschel usa indiferentemente o conceito de consciência e o de espírito[32], para ele, intercambiáveis. Este voltar-se para *si*

28. Idem, p. 18-19.
29. Idem, p. 17.
30. Idem, ibidem
31. P. S. do Carmo, *Merleau-Ponty* – Uma Introdução, p. 21-22. Segundo ele: "Caracteriza-se a fenomenologia como uma corrente da filosofia que não faz distinção entre o papel atuante do sujeito que conhece – como ocorre no racionalismo – e a influência do objeto conhecido – como ocorre no empirismo. A consciência é sempre consciência de alguma coisa e o objeto é sempre objeto para uma consciência. Para a fenomenologia não existe o objeto em si destacado de uma consciência que o conhece. O objeto é um fenômeno".
32. Cf. A. J. Heschel, *O Último dos Profetas*, p. 210. O conceito de espírito em Heschel encontra-se na seguinte citação: "A palavra 'espírito' tem mais de um signifi-

da consciência necessita do olhar do outro. É a partir do encontro com outrem que a condição humana pode se alçar à dimensão espiritual de realização. Só nesta medida somos capacitados para escolher entre o bem e o mal, para nos responsabilizarmos por um destino comum.

A única certeza que temos é a respeito da morte, mas, segundo Heschel, o judaísmo não se preocupa com essa questão, mas sim com o que fazemos para santificar a vida[33]. No ato de santificar a vida estabelecemos uma relação também com o Criador, uma relação de alegria. Esta advém como fruto da revelação divina, chave capaz de abrir o coração à compaixão e, por vezes, desígnio e significado derradeiro de toda uma existência.

Somos hóspedes neste paradeiro, sendo essa a única certeza absoluta. Paradoxalmente, é essa condição que nos move em busca de sentido, porque precisamos encontrar razão para viver além das trivialidades cotidianas. E a religiosidade pode ser uma ponte com via de mão dupla, direcionando-nos nos dois sentidos: no sentido da descoberta e no de que, ao conhecer, brindamos à vida.

Pode parecer prosaico, mas se olharmos com delicadeza a existência, nela perceberemos um lampejo que é dádiva divina e assim a inteligência pode reverenciar o inefável mistério, como tão poeticamente Heschel nos mostra em sua obra.

Com a finalidade de explorar esse potencial de conhecimento explícito, Heschel considera que o insight espiritual, que pode se dar a partir da leitura bíblica, constitui um dos principais meios para alcançar a autocompreensão radical, termo cunhado pelo autor. A autocompreensão radical é "a filosofia exercida como um processo de pensamento a respeito do pensamento, como um processo a respeito da análise do ato do pensamento, como um processo de introspecção"[34]. Diferencia-se da filosofia exercida como um processo de pensamento-conceito, que enfoca a análise do conteúdo, exemplificando-o como princípios, suposições ou doutrinas.

Para Heschel, a ação do pensamento na qual o eu intelectual está implicado se estabelece em dois níveis: no nível do *insight*, propriamente dito, e no nível da interpretação dos *insights* em conceitos e em símbolos, por ele caracterizados como frutos do pensamento. Além

---

cado na *Bíblia*. Diz-se que Bezalel estava preenchido pelo espírito de Deus 'e o enchi do espírito de Deus, em ciência, em inteligência, em saber e em toda sorte de obras' (*Êxodo* 31:3)". Para Heschel, o homem, ao ser preenchido pelo espírito de Deus, indica algo da dupla natureza do homem e, sendo assim, ele está envolvido em uma polaridade de imagem divina e de pó sem valor. "É uma dualidade de misteriosa grandeza e de aridez esplêndida: uma visão de Deus e uma montanha de pó. Por ser pó, suas iniquidades podem ser perdoadas, e por ser uma imagem, dele se espera retidão". Partindo dessa compreensão, o conceito de consciência ganha outra dimensão de entendimento, foco da nossa pesquisa aqui.

33. Idem, p. 266-279.
34. *Deus em Busca do Homem*, p. 20.

disso, entende que há de se levar em grande consideração, nesse processo, a raiz do pensamento, a profundidade do discernimento e os momentos de proximidade na comunhão do eu com a realidade, ou seja, o processo de interpretação de conceitos e de símbolos, como na introspecção e na análise profunda do pensamento.

O autor ressalta também o grande potencial humano de aprendizagem e de reflexão, reiterando que o autoconhecimento (ou o autodiscernimento) tem sido, de vários modos, a preocupação central da filosofia, a partir de uma revalorização da primeira de três máximas inscritas no portal do Templo de Apolo em Delfos: Conhece-te a ti mesmo, cerne do pensamento de Sócrates e de Platão.

Da literatura judaica, cita, entre outros autores, Bahia ibn Pakuda, para quem a definição de filosofia associa-se à de autodiscernimento, e Herman Cohen, que afirma: "A autocognição do homem é a mais profunda fonte de religião na literatura judaica"[35].

A diferença entre a perspectiva judaica e a visão grega de conhecimento consiste em o pensamento judaico estar relacionado com a existência de Deus e subordinado a Ele, sobretudo enquanto interlocutor do homem. A esta relação vertical da interlocução com Deus, pela palavra escrita da *Torá*, corresponde uma relação horizontal-vertical de interlocução com o próximo. Já a visão grega, segundo Heschel, afirma que o universo é a essência e a substância de tudo o que existe, sendo que até mesmo os deuses são uma parte dele, mais do que uma causa do universo. Para o autor, a relação com o conhecimento se estabelece numa outra ordem. Para os gregos da filosofia clássica, Deus se fazia conhecido através da natureza e muitos deles viam na *physis* o supremo valor:

> A reverência e a adoração à beleza e à abundância da terra na literatura grega tem traços de um sentido de gratidão à terra pelo que ela oferece ao homem. [...] A idéia de cosmos é a das contribuições enfáticas da filosofia grega, e podemos bem compreender por que uma concepção semelhante não emerge do pensamento hebraico. Pois a idéia de um cosmos, de uma totalidade de coisas, completa em si mesma, implica a concepção de uma norma imanente da natureza, de uma ordem que tenha sua origem na natureza. [...] Para os gregos que tomavam o mundo como concedido pela natureza, ordem é a resposta[36].

Para Heschel, o estudo da religião tem como incumbência fundamental compreender o que significa crer, analisar o ato de crer e indagar sobre aquilo de que necessita a nossa crença em Deus, no que se refere ao problema da fé em relação às situações concretas. Visa, também, explicar e examinar o conteúdo da crença concernente ao problema do credo, associando-o às relações conceituais. O autor

---

35. Idem, p. 19.
36. Idem, p. 123-124.

preocupa-se com a origem da nossa crença e do nosso saber a respeito Dele. Assim, propõe como objetivo principal que pesquisemos as situações, porque a situação religiosa precede a concepção religiosa, e incorreríamos numa falsa abstração ao tratar da idéia de Deus sem considerar a circunstância em que tal idéia ocorre. Nesse sentido, compreende como situação aquela presença que está relacionada com a existência de eventos concretos, de atos e de insights, daquilo que é uma parte do homem religioso. É deste modo que ele concebe a religião para além da idéia de um credo ou de uma ideologia[37].

A abrangência destas situações pode ser conhecida por meio das narrativas bíblicas que compõem o texto sagrado. Segundo as interpretações mais variadas concebidas pelos grandes sábios da *Torá*, a tradição talmúdica versa também sobre a ética nas relações humanas, considerando o aproximar-se de Deus, o projeto divino para o homem.

A sabedoria divina está na *Torá*, a qual traz a lei bíblica e todos os ensinamentos rabínicos associados ao entendimento paradigmático, pois serve de guia para tudo o que é vivo. O estudo sistemático da *Torá* é realizado para que o intelecto, o coração e os instintos participem de um sistema edificador de consciência ou de autocompreensão radical, como sugere Heschel.

Esta autocompreensão radical pode se dar no decorrer da dedicação ao estudo das Escrituras. As leis são discutidas pela lógica em dois ou mais aspectos, levando-se em consideração o contexto, a contingência, a afirmação e/ou a negação da premissa formulada[38]. O estudo daquilo que compõe os textos sagrados compreende os comentários formulados por sábios de cada período e que possibilitaram, através dos séculos, a manutenção do judaísmo com fidelidade à tradição.

Para Heschel, "o que manteve viva a nossa integridade foi um compromisso com o coração e a alma, um amor que envolve caráter e convicção"[39]. Entende ele que a resposta mais sábia para o enigma da sobrevivência judaica pode ser encontrada no célebre dito que afirma que Deus, Israel e a *Torá* são um só.

Essas três realidades, inseparáveis e interdependentes, traduzem o compromisso religioso em sensibilidade e em amor. O autor distingue a importância de cada um dos três aspectos. Essa análise de amplo espectro da situação em que se encontra o judaísmo na atualidade mostra a necessidade de se manterem os três pilares que o sustentam, já que:

> O judaísmo reformista clássico concentrou-se no monoteísmo ético como sendo a essência do judaísmo, esquecendo-se da *Torá* e de Israel. O nacionalismo secular teria feito do povo de Israel sua principal preocupação, esquecendo-se de Deus e da *Torá*.

37. Idem, p. 20.
38. J. R. Hinnells, *Dicionário das Religiões*, p. 129.
39. *O Último dos Profetas*, p. 164.

Por outro lado, a ultra-ortodoxia moderna, em sua ânsia de defender a observância, tenderia a estabelecer a supremacia da *Torá*, igualando a *Torá* ao *Schulchan Aruch*[40], esquecendo-se de Deus e de Israel, o que muitas vezes levaria ao behaviorismo[41].

Heschel pensa que no judaísmo a aplicação da Lei não pode sobreviver sem as parábolas ou as idéias que se encontram no conteúdo do *Humasch* (o *Pentatêuco*) ou do *Tanakh*[42], sob pena de se transformar em mero legalismo. Tomando Abraão e o Rabi Akiva como exemplos de fontes da sabedoria judaica, elucida-nos a necessidade de vivermos de acordo com a tradição, e de vivermos tanto quanto possível conforme a disciplina da fé e da *Halakhá* (Lei)[43].

Em suas importantes considerações sobre a literatura rabínica, o autor comenta que, de forma similar, esta contém tanto a *Halakhá* como a *Agadá*[44] (histórias) e que o pensamento judaico pode apenas ser compreendido adequadamente se entendido como um esforço para se chegar a uma síntese entre a receptividade e a espontaneidade, numa harmonia entre ambas (a *Halakhá* e a *Agadá*). Para o autor, é urgente a necessidade de o povo judaico conscientizar-se da importância de compreender o fato de que um "judaísmo sem *Halakhá* é como uma árvore que tem suas raízes cortadas"[45].

Heschel imagina que a postura existencial que ameaça a existência do povo judaico é aquela que envolve o desprezo pela fé e pela *Halakhá*. É enfático ao dizer: "fomos um povo sem terra por mais de mil e oitocentos anos. Agora enfrentamos a possibilidade de ter uma terra sem povo"[46]. Numa crítica contundente, dirigindo-se à comunidade judaica, classifica os indivíduos em dois tipos:

aqueles que reviram as sobras da herança de um povo perecido, de comunidades extintas, e aqueles que não se deixam perturbar pela agonia que há mil anos vem desaparecendo nem pelas inúmeras almas arrancadas de nós, pensando que o momento atual é completo, que é possível viver sem um passado[47].

Também contesta a suposição generalizada de que os rabinos eram pessoas ingênuas, simplórias e irreflexivas, relevando o imenso valor destes sábios para os nossos dias, presente nos profundos julgamentos sobre a *Halakhá*, que continuam a ser um grande desafio intelectual para todos, tanto para os atuais estudiosos quanto para os do futuro.

---

40. J. R. Hinnells, op. cit., p. 248-249.
41. *O Último dos Profetas*, p. 164.
42. J. R. Hinnells, op. cit., p. 255-256.
43. Idem, p. 113.
44. Idem, p. 17.
45. *O Último dos Profetas*, p. 164.
46. Idem, ibidem.
47. Idem, ibidem.

O autor considera a *Halakhá*, a Lei, uma força modeladora, representante de um esforço em moldar nossa vida de acordo com um padrão determinado, conforme a *Torá*.

A Lei também é considerada como racionalização e esquematização do viver, pois ela define, especifica, põe medidas e impõe limites, posicionando a vida num sistema exato. Ocupando-se com seus detalhes e com cada mandamento em separado, trata de assuntos que são expressos literalmente, ensinando-nos como desempenhar atos comuns no cotidiano e deles aferir conhecimento.

Para Heschel, a *Agadá* diferencia-se sobremaneira da *Halakhá*, ela se ocupa com a vida na íntegra e, principalmente, com sua expressão na totalidade da vida religiosa, o que proporciona significado à Lei. Ensina-nos a respeito do que se encontra além dos limites da expressão, por alusão aos propósitos da vida, inspirando-nos com seu espírito poético, criação do coração.

Em suma, a *Halakhá*, por necessidade, cuida das leis de maneira abstrata, sem considerar o contexto pessoal, e a *Agadá* nos lembra a proposta da prática, que é a de transformar o praticante, cuja observância tenha como objetivo nos treinar para empreendermos fins espirituais.

É na observação da influência mútua entre a *Halakhá* e a *Agadá*, que reconhecemos seu valor e "sabemos que o propósito de todas as *mitzvót* (mandamentos) é purificar o coração, porque o coração é a essência"[48]. Segundo o autor, o objetivo principal das *mitzvót*, praticadas com nosso corpo, é chamar nossa atenção para que as *mitzvót* sejam praticadas com a mente e com o coração, pois constituem os pilares no qual o serviço de Deus repousa. "As *Halakhót* refinam o caráter do homem, as *agadót* santificam o nome do Sagrado, abençoado seja Ele entre nós"[49].

O autor atribui ao *hassidismo*[50], na história moderna, o maravilhoso florescimento da *Agadá* e o renascimento da vida judaica na Terra Santa, em Safed, onde se deu o *insight* espiritual que fez surgir a esperança de um renascimento do poder criativo tanto da *Halakhá* quando da *Agadá*[51].

Como podemos depreender a partir dessa explanação, Heschel valoriza a imersão no estudo do universo bíblico somente quando esse é aplicado à vida e aos relacionamentos, promovendo o autoconhecimento e avalizando o sentido a que se destina a capacidade do homem de pensar e de refletir. Ele propõe que a época em que vivemos pede uma renovação, uma autopurificação e um rejuvenescimento, e critica o estabelecimento ultra-ortodoxo por esse se manter como: "um castelo medieval, com a maioria de seus líderes engajados em construir

---

48. Idem, p. 165-166.
49. Idem, p. 166.
50. J. R. Hinnells, op. cit., p. 59.
51. Cf. *O Último dos Profetas*, p. 167.

grades e muros, em vez de lares. Como resultado, grande quantidade de jovens sente o espírito do judaísmo como uma prisão, não uma alegria". E, como testemunho religioso, o autor entende: "compaixão por Deus e respeito pelo homem, celebração da santidade no tempo, sensibilidade ao mistério de ser judeu e sensibilidade à presença de Deus na *Bíblia*"[52].

Para o autor, a compaixão é o princípio da piedade e esta, nas demonstrações públicas, pode fenecer. Ele afirma que só na privacidade uma atmosfera de fé pode ser criada e espiritualmente desenvolvida. O autor diz, ainda, que tem como objetivo e primeira meta desenvolver não a filosofia de uma doutrina ou as interpretações de um dogma, mas sim uma filosofia de eventos concretos, atos e *insights* daquilo que é parte do homem religioso, pois considera que a religião não pode ser compreendida quando separada dos atos e dos eventos[53]. Esta é sua visão sobre religião:

> Torna-se conhecida em momentos quando a alma de alguém está agitada com o insaciável propósito acerca do significado de todo significado, acerca do desempenho fundamental de alguém que está integrado com toda a existência de alguém; em momentos quando todas as conclusões antecipadas, todas as trivialidades de uma vida sufocante são suspensas[54].

Com essa observação pretende-se atender à necessidade individual de resgatar o sentido subjetivo da religiosidade em sua transcendência. Pode-se levantar como um exemplo desta colocação do autor o momento de vida de uma pessoa que se encontra em uma crise emocional, na qual uma extensa reavaliação se faz necessária, seja pelo confronto doloroso do resultado das escolhas feitas na dimensão existencial da realidade, seja pela percepção da própria insignificância frente à grandiosidade da natureza, na súbita experiência de conhecer o tempo avassalador apresentando-se à percepção aguda da finitude, premente instante revelador da presença divina. Momentos oportunos para a compreensão do que Heschel postula:

> Deste modo, o problema que deve ser discutido primeiro não é a crença, o ritual ou a experiência religiosa, mas a origem de todos estes fenômenos; a situação total do homem, não como ele experimenta o sobrenatural, mas por que ele o experimenta e o aceita![55]

Por que o homem experimenta e aceita o sobrenatural? Para o autor, porque o confronto com este é inevitável. Viver é experimentar solidão, perdas e sofrimentos que transcendem nossa capacidade de compreensão. A necessidade de compreender e dar sentido à vida faz-nos buscar pa-

52. Idem, p. 168-170.
53. Idem., p. 160.
54. *Deus em Busca do Homem,* p. 20.
55. Idem, p. 21.

lavras para compartilhar a vivência. No entanto, defrontamo-nos com o inefável, com aquilo que a linguagem não consegue expressar e se apresenta para além das possibilidades de alcance da razão. O que dá sentido à vida se expressa por meio da música, da poesia e de outras artes. É esse o campo que a religião encontra para além do pensamento.

Ao propor uma teologia da profundidade, nome que dá a seu método, Heschel esclarece que o estudo visa ao ato de crer, com a finalidade de pesquisar a profundidade da fé, isto é, o substrato do qual a fé se origina[56].

Ele pretende apreender a profundidade da fé religiosa por meio de metáforas poéticas e validar vivências que não se expressam em linguagem formal[57]. Dessa forma, o autor fundamenta a importância da experiência espiritual através dos conteúdos emocionais, que na narrativa bíblica são expressões da vida religiosa. Para compreender as dificuldades que as religiões enfrentam, Heschel diz: "A crítica da religião deve estender-se não somente a seus fundamentos básicos, mas a todas as suas afirmações. A religião é passível de distorção de fora e de corrupção de dentro"[58].

Essa importante advertência amplia a compreensão do alcance do fenômeno existencial religioso, que podemos ver expresso nas manifestações religiosas coletivas. Nas palavras do autor, a crítica da religião "freqüentemente absorve idéias não conaturais a seu espírito, é necessário distinguir entre as autênticas e as espúrias"[59].

Como exemplo vivo disto, vêem-se líderes espirituais que abusam da ingenuidade de uma grande parte da população carente, abandonada pelo Estado em suas necessidades básicas, que busca na religião uma saída para o sofrimento. Mais grave, acrescentamos, é a crise provocada por grupos que se dizem religiosos, mas coisificam a religião como produto de salvação e, não poucas vezes, realizam arrecadação indevida do dízimo.

As situações descritas sugerem a gravidade do problema e sua abrangência, inclusive no que diz respeito à responsabilidade das instituições religiosas. Também evidenciam modos pelos quais se prescinde de consciência crítica da situação e se distorce a reflexão do homem religioso, que incorre no que Heschel chama de: "superstição, orgulho, farisaísmo[60], preconceito e vulgaridade que podem corromper as mais

---

56. Idem, ibidem.
57. Cf. R. Otto, em *O Sagrado,* trata, na experiência religiosa, dos mesmos elementos de temor (o *tremendum*) e de sedução (o *fascinosum*), distinguidos por ele como numinosos e/ou tenebrosos. Estes conceitos, assim como o uso de metáforas em Heschel, têm efeito transformador sobre a personalidade e se dão por intuições, sentimentos e emoções que desencadeiam a percepção do admirável no despertar da espiritualidade.
58. *Deus em Busca do Homem,* p. 25.
59. Idem, ibidem.
60. J. R. Hinnells, op. cit., p. 99.

excelentes tradições. A fé em seu entusiasmo tende a tornar-se fanatismo"[61]. Como contraponto a tal estado de coisas, o autor proporia que:

> A filosofia da religião fosse, então, definida como uma *reavaliação crítica* da religião a partir da perspectiva de uma situação filosófica particular. Já que a religião tende a tornar-se presunçosa e a negligenciar os aspectos da realidade que não são de relevância imediata para o dogma e para o ritual, é tarefa da filosofia da religião colocar discernimento religioso com relação a toda a extensão do conhecimento humano. O conhecimento humano está continuamente avançando e os eternos problemas da religião encontram nova relevância quando confrontados com as forças do processo incessante da indagação humana[62].

Por reavaliação crítica, o autor entende o trabalho de radical discernimento da religião em termos de seu próprio espírito, em função de um redirecionamento. Trata-se primeiro, pois, de voltar ao que é próprio da religião e resgatá-lo por meio do exame. Sob o prisma da filosofia, a religião deve fazer um esforço para justificar suas reivindicações e demonstrar sua eficácia, não meramente sua relevância.

Para o autor, "a crítica, o repto, e as dúvidas do incrédulo podem, por conseguinte, ser mais úteis à integridade da fé do que a simples confiança na fé de alguém"[63]. Heschel considera preferível a atitude daquele que duvida e questiona o *status quo* das instituições que se julgam as únicas verdadeiras representantes da voz divina da Torá, do que a daquele que submete decisões existenciais importantes à autoridade representante da instituição em questão. Essa pretende "doutrinar" as pessoas visando interesses outros que não os que atendem ao desenvolvimento do julgamento crítico e da consciência religiosa, predicados, por excelência, do pensamento judaico.

A essa situação pode-se coligir aquilo a que Heschel se refere como auto-engano e, por conseguinte, a hipocrisia. Para ele, a honestidade intelectual é uma das metas supremas da filosofia da religião, tanto quanto a autodecepção é a principal origem da corrupção do pensamento religioso, mais fatal do que o erro. A hipocrisia, mais do que a heresia, é a causa da decadência espiritual. "Eis que amas a sinceridade de coração do homem"[64].

FILOSOFIA GREGA *VERSUS* PENSAMENTO JUDAICO: DIFERENÇAS E SIMILITUDES

As maiores premissas da filosofia ocidental são derivadas do modo de pensar grego. Heschel assinala os aspectos fundamentais das premissas que estão na base do pensamento judaico. Aponta a unilateralidade

---

61. *Deus em Busca do Homem*, p. 25.
62. Idem, p. 27-28.
63. Idem, p. 24-25.
64. Idem, p. 25.

de percepção em que incorremos ao não discriminar os aspectos diferenciais de formas de concepção do homem.

Esses aspectos estão expressos na formulação da doutrina, na qual o pensamento hebraico utiliza categorias diferentes daquelas de Platão ou de Aristóteles. Heschel vê na religião um desafio à filosofia. Tomando-a como fonte extraordinária de *insights*, pensa, com efeito, que a função da religião é antes esta do que a de um objeto de exame. Sugere que a filosofia pode aprender muitíssimo com a *Bíblia*, apesar das contradições. Comenta que, para o filósofo, a idéia a respeito da bondade é a mais exaltada. Mas, para a *Bíblia*, a idéia a respeito da bondade não é a última; não pode existir sem santidade. A santidade é a essência, a bondade é sua expressão. "Considerou boas as coisas criadas em seis dias; e santificou o sétimo dia"[65]. Heschel trabalha em o *Eutífron,* de Platão, o problema que para ele já foi debatido de várias formas no escolasticismo cristão e maometano:

os deuses amam o bem por ser bom ou é bem por que os deuses o amam? Tal problema foi levantado quando os deuses e o bem foram encarados como duas entidades diferentes, e foi tomado como certo que os deuses nem sempre agem de acordo com os mais altos padrões de bondade e justiça. Perguntar: é um ato santo particular (imposto por, ou caro a Deus) porque é bom ou é bom porque é santo (imposto por, ou caro a Deus) seria tão sem significado como perguntar: determinado ponto dentro da circunferência é chamado centro devido a sua eqüidistância da periferia ou é a sua eqüidistância da periferia devida ao fato de ser ele o centro? A dicotomia da santidade do bem está alheia ao espírito dos grandes profetas. No pensamento deles, a justiça de Deus é inseparável de seu ser[66].

Para Heschel trata-se de abordar "um modo de pensar específico num contexto onde conceitos gerais têm significado singular, um padrão de avaliação e uma orientação da estrutura mental que integram, num único tear de conceitos, interpretações, intuições e percepções"[67].

Entende ele que o modo de pensar específico do pensamento hebraico está na interpretação singular que dá a conceitos gerais, como homem ou espírito. Sem tal reconhecimento da diferença específica do pensar hebraico, não há condições de acesso ao que é próprio do espírito da religião. Heschel examina, na *Bíblia*, a especificidade do pensamento hebraico, que não é o único modo de expressão desse pensar.

A aplicação desse pensar à particularidade da situação possibilita a atribuição de sentido singular à experiência pessoal. Conseqüentemente, promove a percepção diferenciada da situação existencial e desenvolve condições para o resgate de valores éticos e morais. Destacadas essas idéias, podemos, pois, acompanhar com maior clareza o seguinte parágrafo sintético do autor:

---

65. Idem, p. 34. Nessa citação, o autor nos remete ao livro de sua autoria: *O Schabat*, p. 105.
66. *Deus em Busca do Homem*, p. 34.
67. Idem, p. 30. Cf. também A. J. Heschel, *Die Prophetie*, p. 15.

As categorias que o homem bíblico imaginou a respeito de Deus, do homem e do mundo são tão diferentes das pressuposições das metafísicas, sobre as quais a maior parte da filosofia ocidental está baseada, que certos *insights*, que são significativos dentro do pensamento bíblico, parecem ser sem significado algum para o pensamento grego. Seria uma façanha de grande magnitude reconstruir a natureza peculiar do pensamento bíblico e decifrar sua divergência de todos os outros tipos de pensamento. Abriria novas perspectivas para o discernimento dos problemas morais, sociais e religiosos e enriqueceria o conjunto de nosso pensamento. O pensamento bíblico pode ter uma parte a desempenhar na modelagem de nossos pontos de vista filosóficos acerca do mundo[68].

De modo geral, a relação de influências e de rejeições recíprocas entre Atenas e Jerusalém, que se deram na história, constituiu a base religiosa e filosófica da cultura ocidental.

Segundo comentário do autor, a sobrevivência da tradição judaica até os nossos dias deve-se também à questão do *insight* espiritual, decorrente do método de estudo, já explicado anteriormente, aplicado aos textos sagrados, chamando a presença ativa de Deus no mundo à consciência religiosa do homem crente.

Quando Heschel esclarece que a filosofia da religião não surgiu em Atenas, mas sim no encontro do judaísmo com a filosofia grega, chama a atenção para o resultado da inerente tensão entre categorias filosóficas e religiosas, como causa de excessiva confusão. Ao enfatizar o aspecto positivo suscitado pelo conflito, o autor diz:

esta situação única de ser exposta a duas forças opostas, a duas fontes antagônicas de discernimento, é algo que não deve ser abandonado. É precisamente esta tensão, este pensamento elíptico, que é a fonte de enriquecimento tanto para a filosofia como para a religião[69].

Discorrendo sobre as diferenças do pensamento grego e judaico, ele afirma que o primeiro se preocupa com o que pensa o homem e que, para o segundo, a questão mais importante é o homem – ele próprio, como *insight*.

Os pensadores gregos trataram de compreender o homem como parte do universo e, segundo Heschel, na perspectiva judaica, a intenção dos profetas foi concebê-lo como parceiro de Deus. Para o autor, o amor ao homem não é, segundo o judaísmo, uma resposta a um valor físico, intelectual ou moral da pessoa, mas, sim, uma resposta pelo fato de o homem ser feito à imagem de Deus[70]. Por isso, ele é dotado da capacidade e da inteligência para transformar o tempo histórico, no aqui-agora, em um momento sagrado, através de um ato de reverência à presença divina, expresso no gesto ritual. Portanto, o amor no judaísmo

---

68. *Deus em Busca do Homem*, p. 30-31, nota 8.
69. Idem, p. 27.
70. Cf. A. J. Heschel, *El Concepto del Hombre*, p. 156-158.

diz respeito ao homem em sua relação com o Deus vivo e em seu engajamento com a *Torá*, responsabilizando-se pelas suas ações.

A linha que mapeia os acontecimentos cíclicos da leitura bíblica pode ser o trajeto que leva da compreensão à diversificação dos elementos analisados por Heschel, na intenção de demonstrar que os eventos ocorridos no passado mantêm-se presentes na dimensão histórico-temporal.

O calendário judaico celebra os acontecimentos históricos narrados pela *Bíblia* que, por sua vez, são atualizados na prática cotidiana de um sistema complexo de atividades que compreendem os rituais de oração, de devoção e de contemplação, alicerces de sustentação da vida religiosa, em deferência à presença divina na terra.

O autor explica que a *Bíblia* concebe a criação como um ato de Deus e, nesse sentido, criação é uma idéia que transcende a de causalidade, revelando o Criador. Ela indicaria um modo de compreender o mundo do ponto de vista de Deus, tratando do *ser como criação*, cuja preocupação não é com a "ontologia ou com a metafísica, mas com a história e a meta-história, com o tempo mais do que com o espaço"[71]. Para Heschel, a *Bíblia* refere-se ao invulgar e ao sem-precedência e sua finalidade está em compreender a natureza em relação à vontade de Deus, diferente da ciência, cuja intenção é explorar os fatos e os processos da natureza:

> Para ter sucesso, a filosofia da religião deve ter em mente a singularidade e as limitações da filosofia e da religião. A religião, como veremos, vai além da filosofia, e a tarefa da filosofia da religião é tornar a mente submissa ao pensamento; criar em nós o discernimento a respeito da razão pela qual os problemas da religião não podem ser apreendidos em termos de ciência; deixar-nos perceber que religião tem seu próprio escopo, perspectiva e meta; expor-nos à majestade e ao mistério, na presença do qual a mente não esteja insensível ao que transcende a mente. Uma das metas da filosofia da religião é estimular uma nova avaliação crítica da filosofia pela perspectiva da religião[72].

Ele deixa clara a importância de demarcar um lugar no qual a religião ganhe legitimidade *de per si* e de construir um método de análise com o qual possamos compreender a amplitude da fé e da piedade. Haveria condições, pois, de se tratar daquilo que é "essencialmente uma atitude em relação a Deus e ao mundo, em relação aos homens e às coisas, em relação à vida e ao destino"[73].

Baseado em inúmeros preconceitos, o homem moderno entenderia a piedade de maneira distorcida. Heschel dispõe-se a mostrar que não podemos continuar atribuindo a ela um lugar menor, nem entendê-la como uma invenção humana para sublimar o medo da vida, nem tampouco como meio de fuga e de abandono do mundo. Nem sequer

---

71. *Deus em Busca do Homem*, p. 33.
72. Idem, p. 35.
73. A. J. Heschel, *O Homem Não Está Só*, p. 288.

como uma negação de interesses culturais, relacionada com um tipo de comportamento antiquado, clerical, artificial. Menos ainda caberia julgá-la como uma atitude que deva ser rejeitada no interesse da sanidade mental e da liberdade espiritual[74].

Para ele, a piedade deve ser entendida como um campo no qual as experiências religiosas transcendentes sirvam para confirmar a inexorável presença da realidade divina, assim como Sua expressão. A piedade é um dos grandes caminhos para os homens se tornarem capazes de compartilhar a misericórdia e a compaixão, e, ao realizar isso, eles superariam sua condição de homem natural[75].

Ao ser autocrítica, a filosofia tem como examinar o resultado de seu esforço. O racionalismo extremo, pela unilateralidade de percepção e pela falta de reconhecimento dos limites, conduziu à perda de Deus. Em conseqüência, não pode alcançar o sentido de seu ser em busca da verdade. Heschel argumenta, assim, contra o racionalismo extremo, considerando o fracasso da razão para compreender a si mesma. Para o autor, o amor à verdade é um ato do espírito, o que faz com que o exercício da razão seja mediado pela obra do espírito. Mas esta mediação se perde quando identificamos a razão com o cientificismo e acreditamos que razão e espírito são independentes[76].

Ao discutir a condição humana, Heschel observa, na vivência das polaridades, não só a experiência de conflito e de tensão, mas também a de desafio, decorrente de o pensamento do homem não poder prescindir da presença do inefável nem do mistério. Para ele:

É a implicação em nossa crença a certeza de que, fundamentalmente, razão e revelação são derivadas da mesma origem. Mesmo o que é único na criação não o é sempre em nossa situação histórica. É um ato de redenção o fato de nos ser permitido descobrir a mais alta unidade da razão e da revelação[77].

O que Heschel reafirma sobre a equivalência entre a razão e a revelação e sobre ambas se originarem na mesma fonte, novamente, remete-nos ao mistério. Sua reflexão chama a atenção para o fato de a razão e a inteligência, em si mesmas, jamais se constituírem como auto-suficientes. Ao contrário, assinala que a consciência, quando está apartada de Deus, pode ser cruel e destrutiva, principalmente quando não subordinada às exigências da piedade que, por sua vez, constitui um mistério perante o qual o homem fica reduzido à reverência e ao silêncio. A atitude de:

reverência, amor, oração, fé, vão além dos atos da razão superficial. A razão tem importância relativa considerando-se os limites. [...] Seu significado deve ser entendido em termos

---

74. Idem, p. 280.
75. Idem, p. 293.
76. Idem, p. 35.
77. Idem, p. 36.

compatíveis com o sentido do inefável. [...] A adoração com o uso da razão é arrogância e evidencia falta de inteligência. A rejeição da razão é covardia e evidencia falta de fé[78].

No trabalho de diferenciação entre a ciência, a filosofia e a religião, faz-se necessário, para o autor, lembrar que, de maneira diversa, para a ciência a finalidade é compreender e explorar os fatos e os processos da natureza. Para a filosofia, há uma tentativa de encontrar fora, na essência das coisas, o princípio do ser: a especulação é conceitual.

Para Heschel, a religião bíblica ensina de outro modo sua finalidade. Segundo ela, Deus está em atividade, é "Criador e Redentor, Mestre e Legislador", e a vida da religião é dada em *eventos* e em *insights,* algo que acontece no tempo, com a preocupação de purificar e de santificar. "A religião está arraigada numa tradição particular ou num *insight* pessoal, enquanto a filosofia clássica diz ter suas raízes em premissas universais"[79].

E, permitindo-nos uma paráfrase, a psicologia que desconsidera a importância do cunho religioso na experiência humana tem um ponto de vista ontológico empobrecido. Segundo Heschel, é importante compreender os limites de teorias psicológicas que afirmam o surgir da religião a partir de um sentimento ou de uma necessidade. Para o autor, essas teorias parecem esquecer que tal causa não tem eficácia suficiente para produzir religião, e acrescenta:

> Não vêem que, por exemplo, o sentimento de dependência absoluta ou de medo da morte não tendo absolutamente nenhuma qualidade religiosa, sua relação com a religião não pode ser a de causa e efeito. Esse sentimento pode contribuir para a receptividade do homem para a religião, mas por si mesmo é incapaz de criá-la. Como a autêntica intenção religiosa com a qual está unido tal sentimento deve originar-se de outra fonte, é evidente que essas teorias não explicam o problema[80].

Portanto, para Heschel, essa tensão revela mais do que um embate de contrários. Aponta para a necessidade de termos a razão como um instrumento circunscrito à busca do significado daquilo que é compatível com o sentido do inefável. Nessa medida é que Heschel possibilita-nos resgatar a capacidade reflexiva para conceituar ou descrever experiências religiosas, nas quais a razão deve se abrir para os *insigths* da fé, que servem como discernimento que promove a consciência religiosa.

A FILOSOFIA DO JUDAÍSMO

A filosofia do judaísmo parte da premissa de que Deus é absoluto mistério e que quando a razão tiver atingido a exaustão, poderemos aludir a Sua presença por meio da teologia negativa. Para melhor compreender

---

78. *Deus em Busca do Homem*, p. 33-38.
79. Idem, p. 33.
80. *O Homem Não Está Só*, p. 238.

a relação entre ciência e religião, Heschel diferencia cada conceito em sua área específica. Deste modo, esclarece que o interesse da teoria científica: "é a causa, a categoria da causalidade e o relacionamento entre causa e efeito, aspectos de um processo contínuo, com partes mutáveis de um todo imutável"[81]. Diversamente, a respeito da *Bíblia*, diz:

> A *Bíblia* concebe um relacionamento do Criador com o universo como um relacionamento entre duas entidades essencialmente diferentes e comparáveis e encara a própria criação como um *evento* mais do que como *um processo*. Criação, pois, é uma idéia que transcende a causalidade[82].

A noção de *evento* estabelecida por Heschel, portanto, diz respeito à relação do homem com Deus que se dá no presente. Todo evento é um acontecimento singular, diferentemente da idéia de *processo*, que estabelece relações causais de ocorrências previsíveis.

Segundo Leone[83], Heschel trabalha com uma noção de tempo na qual os fenômenos estão divididos em duas categorias: os *processos* e os *eventos*. Os processos seguem uma regra, como as regularidades da natureza; os eventos, por outro lado, criam precedentes – é o que se pode observar na história.

A filosofia judaica tem como premissa básica o aspecto divino das questões, considerando divina a origem da *Torá* (*Pentateuco*). A palavra Torá é usada em dois sentidos: em um senso mais estrito, refere-se ao *Pentateuco* – os Cinco Livros de Moisés; em um sentido mais amplo, abrange todo o corpo da lei, a prática, os costumes e os conceitos que compreendem o judaísmo[84].

Heschel considera a história sagrada como um *evento* que sempre nos fascina e que pode ser descrito como uma tentativa de superar a linha divisória entre o passado e o presente. Também pode ser entendida como uma brecha que se abre à consciência para o significado do atemporal e do eterno momento em que se dá o encontro com o

---

81. *Deus em Busca do Homem*, p. 32.
82. Idem, ibidem.
83. Cf. A. G. Leone, *A Imagem Divina e Pó da Terra*, p. 31-38.
84. A título de esclarecimento sobre o significado da *Torá*, inserimos a seguinte explicação, segundo Maimônides, *Mishné Torá – O Livro da Sabedoria*, p. 23: "Os preceitos que Moisés recebeu no Sinai foram dados juntamente com a sua jurisprudência, como está escrito; 'E Eu te darei as Tábuas de pedra, a *Torá* e o Mandamento (lei escrita)' (Ex 24, 12). 'Torá' se refere à *Torá* Escrita; 'Mandamento' à sua jurisprudência. D'us nos pediu para cumprir a lei segundo o 'Mandamento', que significa a *Torá* oral, que é a sua jurisprudência, a chamada 'lei oral'. Toda a *Torá* foi escrita por Moisés, o nosso Mestre, por suas próprias mãos, antes de falecer. Ele apresentou um rolo a cada tribo, e colocou um na Arca para servir de testemunho, como está escrito; 'Tome este livro da *Torá* e coloque-o ao lado da Arca da Aliança do Senhor, teu D'us, que Ele esteja lá como um testemunho em ti' (Dt 31, 26). A 'jurisprudência', que é a vontade da sabedoria, Moisés não a escreveu, mas revelou seu sentido aos anciãos, a Josué e ao restante de Israel, conforme está escrito: 'Tudo o que lhes ordeno, devereis obedecer' (Dt 4, 2). A partir daí, está definida a Lei Oral".

divino. Para evidenciar o trabalho da consciência, faz-se necessário demonstrar a diferença entre os conceitos de êxtase e de revelação, que apresentam diferentes resultados. A consciência, na apreensão do conceito de homem bíblico, e na sua possível aplicação, é apresentada na seguinte análise:

> O pensamento de Fílon, por exemplo, movia-se numa vereda que ignorava o específico e a diferença – tanto no judaísmo como no helenismo. Para ele, ambos ofereciam a mesma mensagem; o êxtase que conhecia dos cultos helênicos, ele admitiu ser idêntico ao estado em que os profetas hebreus recebiam a revelação[85].

Nessa avaliação da experiência do êxtase dentro do helenismo e do *estado* em que o profeta hebreu recebia a revelação há, entretanto, uma distinção importante a ser feita. A revelação que se manifesta promove o *insight* da percepção e do entendimento da natureza espiritual contida nas idéias proféticas do *pathos* divino[86], como ação de Deus sobre a consciência humana.

Eis a análise de Heschel:

> o que eles não conseguiram entender foi a riqueza única do *insight* espiritual contida nas idéias proféticas do *pathos* divino.[...] Insistindo nos elementos comuns de razão e revelação, uma síntese de duas forças espirituais foi atingida com o sacrifício de alguns de seus inigualáveis *insights*[87].

Na concepção do autor, o papel do *Profeta* é concebido como um conceito, como modelo representativo de orientação, de comportamento e da revelação, como categoria de pensamento equivalente à experiência mística transcendente no judaísmo. Aí, então, encontra-se a raiz do princípio que rege as atitudes no cotidiano da vida do homem religioso e aí se estabelece o compromisso com a dimensão espiritual. Encontramos também na leitura de Eliade, a concordância com esse ponto de vista de Heschel:

> Todos os sistemas e todas as experiências antropocósmicas são possíveis enquanto o homem se torna, ele próprio, um símbolo. [...] neste caso, a sua própria vida é consideravelmente enriquecida e adquire maior amplitude. [...] Os mitos cósmicos e toda a vida ritual apresentam-se assim como experiências existenciais do homem arcaico:

---

85. *Deus em Busca do Homem*, p. 30.
86. A J. Heschel, *El Concepto del Hombre*, p. 154. Segundo ele: "A profecia consiste, pois, na proclamação do *pathos* divino, expressado na linguagem dos profetas como amor, piedade ou ira. Atrás das diversas manifestações de Seu *pathos* há um motivo, uma necessidade. A necessidade divina é a retidão humana. [...] o Deus de Israel tem paixão pela retidão. [...] a *Bíblia* não é uma historia do povo judeu, mas sim a história da busca do homem justo por Deus. [...] Há uma chamada eterna no mundo: Deus buscando o homem. Alguns se assombram, outros permanecem surdos. Todos somos objetos dessa busca". (Tradução da Autora)
87. *Deus em Busca do Homem*, p. 31.

este último não se perde e esquece de si como "existente" quando se confronta com um mito ou intervém num ritual[88].

Porém, há controvérsia na interpretação da citação acima quando o *evento* é considerado como mito, pois, segundo o ponto de vista religioso, o *evento* é real. Para Heschel, a experiência transcendental *per si* é real, pois Deus dirigiu-se ao homem, ditou-lhe a Lei dos Dez Mandamentos e entregou-lhe a *Torá*. Foi um momento marcante na história da humanidade, que causou uma mudança do padrão de consciência individual e coletiva e que repercute em todas as dimensões da realidade. Experiência intrínseca, firmada no compromisso que o povo hebreu recebeu sobre si no pacto feito com Deus no Monte Sinai. Contrapondo-se às idéias de Eliade, Scholem diz:

> A Revelação, para o místico, não é apenas uma ocorrência histórica definida que, a um dado momento da história, põe um fim qualquer na futura relação direta entre Deus e a humanidade. Sem pensar em negar a Revelação como fato da história, o místico ainda concebe a fonte da experiência e conhecimento religiosos que brota de seu próprio coração como sendo de importância igual para a concepção da verdade religiosa. Em outras palavras, ao invés de um ato de Revelação, há uma *constante repetição* deste ato. Esta nova Revelação, feita a ele ou a seu mestre espiritual, o místico tenta ligar aos textos sagrados dos antigos; daí a nova interpretação dada aos textos canônicos e livros sagrados das grandes religiões. Para o místico, o ato original de Revelação à comunidade – a revelação, por assim dizer, pública do Monte Sinai, para tomar um exemplo – *aparece como algo cujo verdadeiro significado está ainda por se manifestar; a revelação secreta é, para ele, a real e a decisiva*[89].

Heschel compreende a bondade de Deus como um ato específico de sua misericórdia e de sua compaixão. Segundo ele, pode-se sentir quando ocorre, mas jamais saberemos o que é. Conhecer a misericórdia e a compaixão divina significa abrir nossa sensibilidade para a condição miserável da humanidade, da qual fazemos parte, e só com um coração humilde podemos compartilhar.

O autor pretende assinalar que, na visão judaica, o discernimento de Deus é dado pela percepção dos atos vivificantes da ação de Deus, em seu cuidado com o homem, diferindo da idéia grega que lhe atribui qualidades de um Ser supremo. No judaísmo, Ele é concebido como realidade última, em sua manifestação tanto transcendente, o absoluto desconhecido, quanto imanente, quando age de modo diretamente presente, na ação sobre o homem, isto é, numa relação sem intermediações.

Para ratificar os elementos que se encontram na base da crença judaica, mesmo que diferenciando seu ponto de vista do de Maimônides (1135-1204), grande sábio que prioriza a dimensão intelectual no relacionamento com Deus, Heschel menciona os treze itens de fé sintetizados por ele, que são considerados o *coração* do judaísmo. Essa síntese

---

88. M. Eliade, *Tratado de História das Religiões*, p. 372.
89. G. Scholem, *Grandes Correntes da Mística Judaica*, p. 11.

foi efetuada pelo sábio para atender à necessidade de viabilizar o acesso aos conteúdos profundos da *Torá*. Naquele período histórico, o judaísmo estava sofrendo constantes perseguições e a luta pela sobrevivência impedia a dedicação plena aos estudos.

Segundo Maimônides[90], os treze itens de fé são: 1. A existência de Deus; 2. Sua unidade; 3. Sua imaterialidade; 4. Sua eternidade; 5. Deus como o objeto de adoração; 6. Revelação por meio de seus profetas; 7. A proeminência de Moisés entre os profetas; 8. Todo o *Pentateuco* foi divinamente dado a Moisés; 9. A imutabilidade da lei da *Torá;* 10. A onisciência de Deus; 11. Recompensa e punição; 12. A vinda do Messias; 13. Ressurreição[91].

Nas bases acima referidas, as leis em torno dessas premissas são discutidas pela lógica em dois ou mais aspectos, levando em consideração o contexto, a contingência, a afirmação e/ou a negação da idéia postulada.

Assim, podemos entender que a proposta de *autodiscernimento,* como método filosófico, também evidencia o exercer responsabilidades: o exercício do estudo da *Torá*, o respeito ao sétimo dia do descanso, o *Schabat* e o cumprimento das *mitzvót* (mandamentos), o pacto de obediência do povo com Deus no Sinai.

Enfim, podemos apreender a abrangência das dimensões do drama bíblico expressa no âmbito das relações humanas e das idéias, reiterando que Heschel define a filosofia do judaísmo como uma filosofia de idéias e de eventos, pois considera o conjunto de narrativas como expressão do evento do drama humano. O drama bíblico é também regido por princípios num conjunto de idéias que se expressa na realidade fundamental, formulada pela orientação da doutrina.

Desse modo, segundo o autor, a substância do judaísmo é dada tanto na história quanto no pensamento. Para ele, o que se encontra subentendido na crença judaica é, sobretudo, a lembrança. Esse seria um fator de imposição de uma Presença constante, discernida pela percepção dos atos vivificantes da ação de Deus e do Seu dinâmico cuidado com o homem:

Ora, o judaísmo é uma realidade, um drama da história, um fato, não meramente um sentimento ou uma experiência. Ele alega ser o compromisso de um povo com Deus. Compreender o significado destes eventos, ensinamentos e compromissos é a tarefa de uma filosofia do judaísmo. Como já foi mencionado, nosso método neste livro é originalmente, embora não exclusivamente, o do autodiscernimento, e o termo judaísmo no subtítulo do livro é usado principalmente como um sujeito[92].

90. Maimônides, *Mishné Torá*, p. 30.
91. Idem,ibidem; "o número total de preceitos que são obrigatórios para todas as gerações é 613. Destes, 248 são afirmativos (farás): sua mnemônica é o número de partes do corpo humano. 365 preceitos são negativos (não farás) e sua mnemônica é o número de dias do ano solar".
92. Cf. *Deus em Busca do Homem*, p. 39-40. Segundo H. Liebeck, E. Pollard, *The Oxford English Minidictionary*, p. 522: "Em inglês, o verbete (*subject*) remete a compreensão do termo como pessoa ou coisa (assunto), sendo discutido ou estudado".

Heschel anuncia claramente um chamado específico ao judaísmo, chamado à responsabilidade de cumprir o papel ao qual se prestou, o de servir a Deus. Para tanto, isto é, a fim de viabilizar sua proposta, oferece instrumentos. Num sentido mais amplo, sua proposta é, além de um chamado específico para o judaísmo, um chamado geral às religiões que partilham de premissas afins.

O autor identifica na comunidade judaica do passado a falta de comunicação e de compartilhamento, nos grupos, das preocupações e das experiências religiosas pessoais. Tais atitudes teriam causado a impressão de certa apatia espiritual, provocando o distanciamento religioso. Entendendo que essa mesma situação se mantém na atualidade, Heschel se propõe a nos alertar para o fato, sugerindo ser este "o momento da retomada do *insight* vivo"[93].

Pergunta: o que faz alguém buscar a Deus? O que faz alguém encontrar neste mundo, ao alcance da própria existência humana e de uma resposta para este mundo, caminhos que levem à certeza de Sua presença?

Para que essa retomada seja possível, Heschel responde a essas questões afirmando ser nossa tarefa o "andar sob a tranqüilidade do credo e da tradição, a fim de ouvir os ecos da luta e retomar os *insights* vivos"[94]. Assevera que a ampliação da consciência religiosa é um dos caminhos em que o retorno à religião é, por excelência, a resposta que nos possibilita encontrar um sentido maior para a existência.

> Somente compreenderão a religião aqueles que puderem sondar sua profundidade, aqueles que puderem combinar intuição e amor com o rigor do método, aqueles que estiverem aptos para encontrar categorias que amalgamam com o que é genuíno e levam o imponderável à expressão única. Não é suficiente descrever o conteúdo dado pela consciência religiosa com perguntas, impelindo o homem a compreender e elucidar o significado do que é agradável em sua vida quando ele se coloca no horizonte divino. Para penetrar a consciência do homem devoto, precisamos conceber a realidade por trás dela[95].

Heschel, com suas palavras, remete-nos ao âmago religioso da questão existencial, do significado espiritual que dá o valor ético, e sobretudo resgata, à dignidade humana, seu irrefutável valor. Convida-nos, assim, a viver a plenitude do seu potencial, falando-nos diretamente ao coração. Não obstante a dificuldade presente no objeto de estudo da religião, ele coloca-nos diante do desafio de enfrentar os obstáculos dessa tarefa não sem antes nos munir de valiosos instrumentos para revitalizar, especialmente, a religião judaica. Para a empreitada indica-nos três caminhos, escolhendo como ponto de partida a *contemplação* de Deus. Essa trajetória será apresentada no capítulo seguinte.

---

93. *Deus em Busca do Homem*, p. 50.
94. Idem, p. 50.
95. Idem, p. 22.

3. A Presença de Deus diante do Homem

definições

> *Deus me persegue em toda parte, como um tremor*
> *O desejo em mim é por descanso; ele me convocando diz: vem!*
> *Percebo visões vagando como mendigos pela ruas!*
> *Eu vou com meus devaneios*
> *Como num corredor através do mundo,*
> *Às vezes, vejo suspensa em mim a face sem face de Deus*[1].

Este capítulo pesquisa como acontece a relação com o inefável e quais os caminhos para a presença de Deus na consciência religiosa, de acordo com Heschel, através da visão bíblica de mundo, nas seguintes categorias: sublime, maravilhoso, mistério, temor e glória. O resgate desses sentimentos dentro da religião é fundamental para a experiência da fé.

Para iniciar essa reflexão, precisamos entender como Heschel aborda e prioriza a qualidade do tempo em relação à conquista do espaço. O autor diz que a preocupação do homem moderno é principalmente com o domínio do espaço. Já a questão do tempo, para ele, deve ser abordada em dois aspectos, de temporalidade e de eternidade, para compreender que "o permanente não começa além, mas sim, *dentro do tempo*, dentro do momento, dentro do concreto"[2].

Desse modo, podemos compreender o significado do sétimo dia, e a prioridade de sua observância para a piedade judaica. O dia do *Schabat* encontra, por meio do ritual, a presença da santidade como possibilidade exclusiva do homem, além de ser um dia de suma importância na tradição judaica, tanto como significado da religiosidade aplicada ao tempo existencial quanto como fundamental para o exercício das *mitzvót* (mandamentos), que representam os instrumentos que viabilizam desenvolver as virtudes e alcançar o amor.

---

1. A. J. Heschel apud A. G. Leone, *A Imagem Divina e o Pó da Terra*, p. 69-70.
2. *O Homem Não Está Só*, p. 212.

Heschel baseia-se no fato da premissa religiosa estar implícita na condição humana, como possibilidade de transcendência, ou seja, o homem é capaz de se elevar no sentido do divino, para além das perspectivas do ego.

O autor também ratifica, na tradição judaica, quais são os aspectos essenciais da existência religiosa que encontram expressão nos sentimentos anteriormente mencionados, pela prática que se apresenta na adoração, na ciência e na ação. Em suas palavras: "Os três são um para alcançar um único destino. Pois foi isto o que Israel descobriu: o Deus da natureza é o Deus da história, e o caminho para conhecê-lo é fazer a sua vontade"[3].

Dentro dessa perspectiva tanto se descobrem as bases nas quais se funda o solo para a trajetória em direção à experiência transcendente do fenômeno religioso, como se encontram definições que esclarecem o modo pelo qual se dá o acesso à percepção da realidade espiritual na consciência religiosa.

Portanto, faz-se necessário entender o que Heschel define como o eu, a alma e a razão, a fim de nos aproximarmos da compreensão espiritual dos sentimentos da narrativa bíblica quando o profeta Isaías (40,26) exclama: "Erguei os olhos e contemplai"[4]. Pergunta-nos, Heschel, como pode um homem erguer seus olhos para enxergar uma *luz* maior do que ele mesmo? Responde-nos a essa questão com um paradoxo. Por um lado, o humano é feito de matéria densa destinada à decrepitude e à morte; por outro, é capaz de transcender a essa condição num olhar que o leva além de sua materialidade, com a consciência de que em sua própria existência revela-se a divindade de sua natureza espiritual. Tal conhecimento resulta do engajamento em atividades que dizem respeito à ação suscitada pela experiência com o transcendente, quando seu desempenho ganha significado ao se realizar na obra da criação. Para tanto observaremos os três caminhos que nos levam à presença de Deus e as dificuldades que sentimos na atualidade em relação ao religioso junto às categorias fundamentais da consciência do inefável.

O TEMPO E A ETERNIDADE

Podemos compreender profundamente a idéia do autor de que a eternidade tem como antônimo a *difusão* e não o *tempo*. Heschel entende também a eternidade como sinônimo de unidade, em que o passado e o futuro não estão separados. "A eternidade não começa quando o tempo chega ao fim. Tempo é eternidade partida em espaço, como um raio de luz refrangido na água"[5].

---

3. *Deus em Busca do Homem*, p. 51.
4. A. J. Heschel, *O Último dos Profetas*, p. 58.
5. *O Homem Não Está Só*, p. 116.

Partindo-se da premissa do tempo considerado como um raio de luz refrangido na água, portanto, deduz-se que é no tempo que se encontra a luz. Desse modo, percebemo-nos como seres de luz no tempo, descobrindo-nos inseridos no espaço da dimensão sagrada da realidade. Nesse momento nos sentimos um com Deus. Revela-se o aspecto sobrenatural da condição humana com Deus, sensível à consciência inefável da vida eterna, num estado ao qual buscamos sempre retornar. Nesse breve instante da existência, nossa compreensão da morte ganha outro significado, pois ela consiste num fim em si mesmo. Compreendemos que se realiza na extinção, portanto, indo de encontro a seu destino na dimensão do mundo natural. De outro modo, a eternidade da vida apresenta-se como constante movimento e vibração de luz infinita no tempo, um fluxo eterno da existência. Heschel compreende que:

> Os dias da nossa vida, ao contrário de fugazes, são representantes da eternidade e devemos viver como se o destino de todo o tempo dependesse totalmente de um só momento. Visto como temporalidade, a essência do tempo é separação, isolamento. Um momento temporal é sempre solitário, sempre exclusivo. Dois instantes nunca podem estar juntos, nunca podem ser contemporâneos. Visto como eternidade, a essência do tempo é união, comunhão. É no tempo e não no espaço que podemos comungar, adorar, amar. É no tempo que um dia pode valer mil anos. As intuições criativas desenvolvem-se durante uma vida inteira para durar um momento. Contudo, permanecem para sempre. Pois permanecer significa estar em comunhão com Deus, "aderir a ele" (Dt 11,22). Um momento não tem outro momento contemporâneo dentro do tempo. Mas na eternidade cada momento pode tornar-se contemporâneo de Deus[6].

A elaboração deste conceito nos permite compreender melhor a importância do *Schabat* para a vida do homem religioso. Nesse dia dá-se a experiência em amplo espectro da dimensão divina da realidade. Segundo Heschel, a santidade do *Schabat* não é algo para a qual se olhe fixamente e da qual devamos humildemente nos afastar. Pelo contrário, nesse dia celebra-se a participação da presença divina no tempo e ela é compartilhada pelo homem em todo o seu esplendor. O autor afirma: "É santo, não *longe* de nós. É santo *para* nó*s*, 'Guardai o meu *Schabat* porque ele deve ser santo para ti'. (Ex 31,14). 'O Schabat adiciona santidade a Israel', (*Mekilta* ao 31:14)"[7]. No que se refere à sua função, segue o comentário nas palavras do autor:

> O que o *Schabat* confere ao homem é algo real, quase aberto à percepção, como se uma luz, que brilha de dentro, que de sua face resplandece. "Deus abençoou o sétimo

---

6. Idem, p. 213. Notaremos que, ao longo do capítulo, algumas citações, mesmo em destaque, encontram-se entre aspas. Tais citações estão como no texto original, sendo grifos do próprio autor.
7. A. J. Heschel, *O Schabat*, p. 123. *O Schabat* trata do tema central nessa discussão, pois este é considerado um dia de elevada representatividade para o judaísmo. Recomendamos a leitura do livro citado para aprofundar o conhecimento a respeito de seu importante significado para a piedade judaica.

dia" (Gn 2:3): "Ele o abençoou com a luz de um rosto de homem: A luz de um rosto de homem, durante a semana, não é a mesma como a de uma no *Schabat*" (*Gênese Rabá* 11, 2)[8].

Segundo Heschel, é antiga a concepção de que o *Schabat* e a eternidade correspondem ao uno[9], ou participam da mesma essência. Esse dia é dado por Deus a pedido dos homens, como um exemplo neste mundo do mundo vindouro. Daí a importância de sua observância para o povo judeu, pois é o conhecimento da eternidade, ofertado a Israel, como presente precioso, por Deus, O Todo Poderoso, desde que se cumpram os seus mandamentos (*mitzvót*). Nele, *Schabat*, não há diferenças entre os homens de nenhuma ordem, a fraternidade une a todos como semelhantes compartilhando a presença divina na condição de príncipes, ou seja, como filhos do Rei:

> O *Schabat* é um exemplo do mundo vindouro [...] "O mundo vindouro é caracterizado pelo tipo de santidade que o *Schabat* tem neste mundo [...] O *Schabat* possui uma santidade como aquela do mundo vindouro".[...] "O Sétimo dia é o sinal da ressurreição e do mundo vindouro, e não poderá haver, portanto, luto neste dia"[10].

Heschel diz que, embora a tradição judaica não nos ofereça definição do conceito de eternidade, a sacralização do tempo é como experimentar o gosto da eternidade ou da vida eterna no tempo. A vida eterna não se desenvolve longe de nós; ela é plantada dentro de nós, desenvolvendo-se além de nós. O autor compreende o mundo por vir não como uma condição póstuma, ou seja, após a partida do corpo, mas ao contrário, como algo atualizado na vida, no próprio ato de santificar o sétimo dia. Certamente, segundo o autor, está em posse do homem a possibilidade terrena do dia santificado[11].

Interessante refletir sobre o que o autor compreende por difusão (espalhar), isto é, como algo oposto à eternidade. Equivale, todavia, questionarmos se não será essa a dicotomia da qual Heschel nos fala, sobre nossa percepção da realidade? Não equivale a falar sobre a nossa visão estreita e parcial a respeito do mundo? Segundo Heschel,

---

8. Idem, p. 123.
9. Cf. *O Homem Não Está Só*, p. 121-122. Segundo Heschel: "não se chegou ao monoteísmo por meio de redução numérica, diminuindo a multidão das divindades ao menor número possível. Um significa único. [...] Dizer que ele é mais que o universo seria o mesmo que dizer que a eternidade é mais que um dia. De uma coisa temos certeza: sua essência é diferente de tudo o que somos capazes de conhecer ou dizer. Ele não é só superior, ele é incomparável. Não há equivalente do divino. Ele não é um aspecto da natureza, não é uma realidade adicional que existe juntamente com este mundo, mas uma realidade que está acima e além do universo. [...] Deus é um. Isto significa que só ele é verdadeiramente real. Um significa exclusivamente, nenhum outro a mais, nenhum outro além de, só somente".
10. *O Schabat*, p. 105-106.
11. Idem, p. 107.

para a piedade judaica, a extrema dicotomia humana não é a da mente e da matéria, mas, sim, a do sagrado e do profano[12].

Heschel propõe-nos paradoxos e abala crenças que julgamos satisfatórias, devido à idéia onipotente de que a razão tem autonomia em si mesma, conduzindo-nos a alma por um percurso inédito entre os escaninhos da mente ao encontro do inefável. Diz que nosso conhecimento do profano implica estarmos acostumados a pensar que a alma é um autômato. Esclarece-nos que a finalidade da lei do *Schabat* é a de tentar dirigir o corpo e a mente para a dimensão do sagrado, ensinando que o homem não está somente em relação com a natureza, mas também em relação com o criador dela. Recoloca-nos frente à vida, que, para o autor, apresenta-se menos como um enigma e mais como um grande desafio.

Quando experimentamos dolorosos conflitos, que por vezes nossa mente tenta em vão aplacar, arriscamo-nos a responder ao desafio de confrontar a eternidade. Nesse momento, Heschel afirma que, apesar de nossa visão fragmentada e dispersa da realidade, fruto da nossa condição humana, temos a oportunidade da integração que nos é oferecida pelo *Schabat*, que é o Espírito na forma do tempo; onde é possível santificar o tempo alçando o bem no plano do santo, e de contemplar o sagrado, abstendo-nos do profano. Profano, entendido em suas palavras, na seguinte analogia: "Usualmente pensamos que a terra é nossa mãe, que o tempo é dinheiro e o lucro nosso companheiro. O sétimo dia é um lembrete de que Deus é nosso pai, de que o tempo é vida, e de que o espírito é nosso companheiro"[13]. Portanto, conforme a *Torá*, o *Schabat* oferece-nos um caminho que conduz à unidade pelo mergulho profundo nas raízes. No fluxo da vida onde podemos encontrar-nos unidos, neste mundo, pela misericórdia divina, quando se refere à seguinte passagem bíblica: "As coisas criadas nos seis dias Ele as considerou bem, o sétimo dia Ele fê-lo santo"[14].

Heschel resgata também a importância da revelação na *Torá*, que até os nossos dias reverbera como um evento supranatural que sucedeu ao povo judeu no Monte Sinai. Essa concepção do autor a respeito da eternidade e do supranatural permite-nos, por fim, compreender aquilo que ele define como o conceito central do judaísmo: o Deus vivo. E possibilita-nos também acompanhar sua reflexão pelos sutis meandros do conhecimento, que aludem à seqüência de elaborações na dimensão temporal da realidade que se desvelam na tessitura mística implícita nas atitudes, ou seja, no aspecto exeqüível (prático) do pensamento religioso judaico, que se expressa como a mística da ação.

12. Idem, p. 108.
13. Idem, p. 109.
14. Idem, p. 108.

OS TRÊS CAMINHOS

Segundo Heschel, há três pontos de partida para a contemplação de Deus; três veredas que conduzem a Ele.

A primeira é o caminho do sentimento da presença de Deus no mundo, nas coisas. Ao se encontrar frente à maravilha e ao esplendor que inspira a natureza, origina-se a admiração questionada pelo profeta, citado por Heschel, na seguinte passagem de Isaías 40,26: "Levantai ao alto vossos olhos, quem criou estas coisas?"[15].

A segunda via encontra-se no caminho do sentimento de sua presença na Bíblia, na afirmação imperativa de Deus *quando* se apresenta ao homem e diz: "Eu sou o Senhor teu Deus" (Ex 20,2)[16]. Essa afirmativa desperta nossa consciência ao compromisso emergente de se agir segundo Seus mandamentos.

A terceira via compreende o caminho do sentimento de sua presença nos atos sagrados. Quando O percebemos pelos rituais, compartilhamos de sua presença. A vida consagra-se no pacto firmado de que "Tudo o que o Senhor tem falado, faremos" (Ex 24,7)[17].

Por conseguinte, o autor entende que para se dar a consciência do inefável é necessário sensibilizar-se à percepção da presença da dimensão espiritual, pois para "recapturar os *insights* encontrados nesses três caminhos é preciso retornar às raízes da experiência bíblica, na visão do Profeta, da vida e da realidade"[18]. Dessa forma, é possível viabilizar a adoção de um modo de vida religioso, como um meio eficiente de realizar um único destino, nossa resposta à pergunta de Deus. O que não pode se dar sem a dedicação ao estudo da *Torá*, imprescindível para o conhecimento, o *ouvir* a palavra divina e, no sentido de praticar, o *fazer*, que concerne à fé depositada na Palavra. Vale comentar a esclarecedora citação de Alexandre Leone, em seu livro *A Imagem Divina e o Pó da Terra*:

> No livro *Deus em Busca do Homem*, de 1955, Heschel define o homem como uma necessidade de Deus. Essa noção, derivada da mística judaica, afirma que Deus precisa do homem para que por meio dele possa realizar na história humana o *tikun*, isto é, o conserto redentor, pelo qual o *Homo sapiens* por seus próprios atos viria a se humanizar. A humanização, como podemos ver, sendo uma tarefa do próprio homem, é também um ato sagrado. É dessa forma que Heschel interpreta o versículo bíblico, que diz: "Deveis ser santos, como teu Deus é santo" (Lv 19,2) Este é outro aspecto do ser humano com a dimensão divina em busca de sua auto-humanização. [...] a realização de uma *mitzvá* santifica aquele que a realiza. Santificar tem em si um sentido de imitar

---

15. *Deus em Busca do Homem*, p. 50. De acordo com Bahia ibn Pakuda: "é nossa obrigação meditar sobre as maravilhas manifestadas nas criações de Deus, para que elas possam servir como evidência da existência de Deus".
16. Idem, p. 51.
17. Idem, ibidem.
18. Idem, ibidem.

o ato divino, de aproximar o homem de Deus, de torná-lo a imagem divina. Essa noção da importância da *mitzvá* perpassa toda a tradição judaica[19].

Esclarece-nos, portanto, o que diz Heschel: "A meta de todos os esforços é alcançar a restituição da unidade de Deus e do mundo. A restauração desta unidade é um processo constante e a sua realização será a essência da redenção messiânica"[20].

Esta restauração do mundo é compreendida como a parte que diz respeito ao nosso desenvolvimento espiritual e torna-se efetiva na esfera das ações, quando o homem participa da construção do mundo criando uma realidade mais divinamente humana. Podemos depreender então o que para Heschel significa pesquisar o drama religioso de Israel, e buscar compreender o que autorizou Jó a dizer nos seguintes versos:

> Porque eu sei que o meu Redentor vive,
> E que no último dia ressurgirei da terra.
> Serei novamente revestido de minha pele,
> E na minha própria carne verei a Deus.
> Eu mesmo o verei,
> E os meus olhos o hão de contemplar,
> E não outros.
> Esta é a herança que está depositada
> no meu peito (Jó 19,25-27)[21].

Nessa exposição dos versos de Jó, que tem o profeta como referência, o autor formula-nos a questão capital: "Como fazer um homem atingir um estágio de pensamento onde ele esteja apto para dizer: E na minha própria carne verei a Deus?"[22].

É grave o desafio dessa questão, visto o panorama atual apontar para o ceticismo com que o homem se relaciona com a dimensão espiritual. Vemos que ele a experimenta com um total distanciamento da realidade, pois adota as explicações dos fenômenos como respostas finais a sua angústia, sem levar em consideração sua condição de insuficiência. Segundo Leone:

> Para o humanismo hescheliano, a questão humana não pode se resumir à noção conceptual de que compartilhamos com os outros seres uma existência no Ser, como sugere Heidegger. É vivendo por meio de suas ações que o homem adquire o conhecimento do sentido de sua existência. As noções heschelianas não oferecem uma definição prévia do homem. Pelo contrário, é respondendo as demandas de sua vida que o homem dá sentido à sua existência. Não porque a vida seja absurda e careça de sentido, mas porque para ele o encontro com o sentido é o encontro com o inefável, com o misterioso[23].

---

19. *A Imagem Divina e o Pó da Terra*, p. 179-180.
20. *O Homem Não Está Só*, p. 117.
21. *Deus em Busca do Homem*, p. 51.
22. Idem, p. 52.
23. *A Imagem Divina e o Pó da Terra*, p. 218.

No entanto, para atingir um estágio de pensamento apto para apreender a visão cantada nos versos de Jó, é fundamental sermos tocados pela fé, dádiva divina e fonte irrefutável da confiança no milagre da graça. Essa fé provém da consciência da experiência momentânea e fugaz e da breve sensação de sermos um com Ele. Essa experiência estabelece-se no plano físico e é desse modo, para o autor, que a espiritualidade converte-se à prática e se desdobra em seu grau máximo para o cotidiano. Por conseguinte, para realmente compreender a resposta bíblica é fundamental atender a necessidade de determinar qual é nossa pretensão no mundo e, então, empenhar esforços não só para compreender as categorias do sublime, maravilhoso, mistério, temor e glória, como também para desfrutar do resultado[24].

Oração

A oração consiste num dos três caminhos, propostos por Heschel, para o desenvolvimento da consciência religiosa, como ação precedente para estabelecer um encontro com o divino. Encontra-se na oração uma maneira de meditar e se absorver na realização divina, mantendo os *insights* do maravilhoso constantemente ativos, pela adoração diária.

O autor esclarece que a origem da oração é o sentido dos milagres e das maravilhas, que diariamente experimentamos, e representa um caminho de profunda e perpétua consciência da maravilha de ser. A função da oração cumpre-se no mandamento da *Torá* do exercício cotidiano, isto é, na atitude da consciência religiosa do judeu de orar três vezes por dia. Heschel explana a importância do orar dizendo que "toda tarde nós recitamos: 'Ele criou a luz e fez a treva. Duas vezes por dia nós dizemos: 'Ele é único'"[25]. E explica a diferença entre o significado de tal repetição e o de uma teoria científica que, uma vez anunciada e aceita, não precisa ser repetida duas vezes por dia. Porém, os *insigths* do maravilhoso devem ser conservados constantemente ativos, pois, no entender do autor, desde que haja necessidade de prodígios diários, há necessidade de adoração diária. Com essa atitude o homem tem participação ativa na criação[26].

Heschel adjudica que o senso a respeito do maravilhoso sustenta-se através da oração ante os atos triviais de todas as atividades que compreendem as necessidades humanas. Por exemplo, ora-se perante o prazer do alimento ou o do beber um copo de água, realizando cada ato como uma referência ao supremo milagre: "Abençoado sejas... por cujas palavras

---

24. Cf. *Deus em Busca do Homem*, p. 52.
25. Idem, p. 72.
26. Idem, ibidem.

todas as coisas se tornaram"²⁷. Então, em todas as situações vividas, quer nos deleitemos ou não, ou mesmo, ouvindo boas ou más notícias, invocamos seu grande nome afirmando nossa consciência de sua presença. Até mesmo quando o corpo cumpre sua função fisiológica, dizemos: "Abençoado sejas que saras toda carne e fazes maravilhas"²⁸.

Para aprofundar a compreensão dos sentidos da oração, é importante notar a distinção, feita por Heschel, de que a "consciência do maravilhoso não é a mesma coisa que saber as maravilhas que nos ocorrem. As maravilhas ocorrem sem que estejamos aptos para percebê-las"²⁹. Pois, sem dúvida, no momento em que tomamos essa consciência do maravilhoso, se opera em nós uma atitude de respeito que, de alguma forma, nos envolve por inteiro. Não nos é mais possível ignorar a Presença. Ela nos obriga ao confronto de tal modo que, mesmo que tentemos evitar, nos rendemos a essa força superior pelo intenso sentimento de reverência que desperta. Dessa forma, a questão última nos coloca frente ao mistério da vida, reivindicando nossa plena consciência da atitude expressa num compromisso ético de servi-la³⁰. Nas palavras de Heschel:

esta é uma das metas do modo de vida judaico: experimentar necessidades triviais como empreendimentos espirituais, sentir o amor oculto e sabedoria em todas as coisas. No Cântico do mar Vermelho, lemos: Ó Senhor, quem é como tu entre os deuses? Quem é como tu glorificado em santidade, terrível em louvores, obrando maravilhas? (Ex 15,11)³¹.

Heschel comenta aquilo que os rabinos observaram:

Não está escrito aqui: *Quem fez maravilhas*, mas: *Quem faz maravilhas...* Ele fez e ainda faz maravilhas para nós em cada geração, como foi dito: Maravilhosas são as tuas obras, e minha alma o sabe muito bem (Sl 139,14)³².

O autor cita também um comentário do sábio Nakhmânides sobre *Êxodo* 13,16, que diz o seguinte:

A crença nos milagres ocultos é a base para a *Torá* inteira. Um homem não toma parte alguma na *Torá*, a menos que creia que todas as coisas e todos os eventos da vida do indivíduo tanto quanto na vida da sociedade são milagres. Não há nenhuma coisa como o curso natural dos eventos³³.

---

27. Idem, p. 73.
28. Idem, ibidem.
29. Idem, p. 75.
30. Idem, p. 73.
31. Idem, ibidem.
32. Idem, p. 73-74.
33. Nakhmânides apud A. J. Heschel, *Deus em Busca do Homem*, p. 76.

Por outro lado, para Heschel o sentido do maravilhoso e do transcendental não deve tornar-se um meio para o intelecto se acomodar, ele entende que:

> Não deve ser um substituto de análise onde é possível uma análise; não deve reprimir a dúvida onde a dúvida é legítima. Deve, contudo, permanecer uma consciência constante se o homem fiel à dignidade a respeito da criação [sic] de Deus, deve ser porque tal consciência é a fonte de todo pensamento criativo[34].

DIFICULDADES NA ATUALIDADE

Um dos pré-requisitos para alguém alcançar a consciência de Deus no mundo, é efetuar a observância das *mitzvót,* ou seja, dos mandamentos descritos como procedimento determinado para inúmeras situações existenciais específicas, segundo instruções detalhadas na *Torá*. Através dessas atitudes, podem vir a ser despertados os sentimentos de sublime, prodígio, maravilhoso, mistério, temor e glória. Com isso, realiza-se, na esfera emocional, a religiosidade e a necessidade do homem de ser submetido ao mistério e de aderir ao inefável, como condição *sine qua non* para elevar-se espiritualmente, destacando o ponto de vista do autor:

> A grande premissa da religião é que o homem está apto para superar-se; que o homem, como parte que é parte deste mundo, pode manter uma comunhão com Ele, que é maior do que o mundo; que o homem pode elevar seu intelecto e apegar-se ao absoluto, que o homem, que é condicionado por múltiplos fatores, é capaz de viver com exigências que sejam incondicionadas. Daí apresenta-se a questão de como fazer com que o homem possa elevar-se acima do horizonte de sua mente? Ou libertar-se das perspectivas do *ego, grupos, terra* e *tempo*? Como fazer alguém encontrar um caminho neste mundo que o leve a uma consciência a respeito dele, que está além deste mundo?[35]

Heschel, como pensador religioso, refere-se ao eu a partir de uma categoria que entende o ser na dimensão transubjetiva da realidade espiritual. Conduz-nos à dimensão de compreensão do ser humano para além dos conceitos formulados na psicologia, não obstante se utilize do conceito de ego. Compreende o universo como uma imensa alusão, e nossa vida interior como uma citação anônima. Numa interrogação que transcende as palavras, o autor questiona se está em nosso poder verificar a citação, identificar a fonte e saber o que todas as coisas representam[36]. Postula ser necessário de nossa parte, além de uma profunda consciência da incongruência de todas as categorias, a noção da onipresença sem nome e do impenetrável mistério. Premissa considerada pelo autor como pré-requisito para os esforços na busca

---

34. *Deus em Busca do Homem*, p. 76.
35. Idem, p. 52.
36. Cf. *O Homem Não Está Só*, p. 51.

de uma resposta. Heschel trabalha no sentido de demonstrar as falhas no sistema de compreensão que são utilizadas frente às questões últimas, e o cuidado necessário em não se adulterar ou mesmo sufocar a pergunta incomparável com formulações inadequadas para se obter, no mínimo, respostas finais razoáveis[37].

O tópico fundamental da religião versa em torno das seguintes questões: Quem é o grande autor? Por que existe um mundo? Qual o sentido da nossa vida? Em seu ponto de vista, são essas perguntas às quais, apesar de nossas conquistas e poder, não sabemos em que porta bater em busca de alívio para nossas ansiedades.

Na opinião do autor, "sabemos *como* age a natureza, mas não *por que* e *por causa de quem*, sabemos que vivemos, mas não por que nem para quê. Sabemos que temos de indagar, mas não sabemos quem plantou dentro de nós o anseio da indagação"[38].

Essas perguntas têm como resposta para Heschel a atitude do homem moderno que foge do metafísico, assim como tende a suprimir seu sentido inato e a sufocar as perguntas que transcendem a sua mente, procurando refugiar-se nos limites do seu eu finito. Arroga uma atitude de indiferença pela realidade espiritual, como conseqüência da força do agnosticismo sobre a razão, quando proclama a ignorância sobre a realidade última e acredita, como única atitude honesta a ser almejada, a negação da existência de Deus. Heschel compreende que tal atitude se resume numa armadilha inconsistente e auto-ilusória.

Para Heschel, declaramos como inatingível aquilo que somos incapazes de conhecer e, nessa medida, nos abstraímos da questão. Em suas palavras: "Esta alegação de que não existe uma significação última ressoa estridentemente no profundo silêncio do inefável"[39]. Por decorrência, nos retiramos para dentro dos limites do próprio eu e, ao nos evadirmos da questão suprema, reduzimo-nos à percepção de que, nas palavras do autor:

a consciência do maravilhoso é muitas vezes dominada pela tendência da mente em dicotomizar, que nos faz olhar o inefável como se fosse uma coisa ou um aspecto das coisas longe de nós mesmos, como se somente as estrelas estivessem circundadas com o halo do enigma e não a nossa própria existência. A verdade é que o eu, nosso "senhor", é algo desconhecido, inconcebível em si mesmo. Penetrando-o descobrimos o paradoxo de não conhecermos o que supomos conhecer tão bem[40].

Heschel, nessa discussão, compreende que ao não diferenciarmos a condição humana em ambos os seus aspectos, ou seja, a condição do estado natural do sobrenatural, sobrévem a dicotomia do pensamento relativo à sua divindade. A compreensão do conceito de eu se reduz

37. Idem, p. 52.
38. Idem, ibidem.
39. Idem, p. 53.
40. Idem, ibidem

ao de ego, naquilo que se refere à identidade em seu aspecto misterioso de semelhança com o divino. Para ele, o que nós chamamos eu encontra sua origem no inefável. Ele entende que as idéias pautadas em símbolos como convicções de que comumente fazemos uso, não nos permitem penetrar o sentido total do ser. Reporta-nos às origens, pois para ele o que desejamos expressar está submerso na profundeza insondável do inconsciente. Segundo o autor:

> Além do meu alcance está o fundo da minha própria vida interior. Não estou certo nem sequer de que a voz que sai de mim é a voz de uma unidade pessoal definida. O que na minha voz se originou em mim e o que é a ressonância da realidade transubjetiva. Ao dizer "eu", minha intenção é diferenciar a mim mesmo de outras pessoas e outras coisas. [...] só se pode ser separado distintamente das suas ramificações, isto é, de outros indivíduos e de outras coisas, mas não das suas raízes[41].

A verdade para Heschel é que o "eu" em si mesmo é uma realidade transcendente encoberta. Então ele menciona os momentos em que, por vezes, sentimos estranheza dentro da nossa consciência normal, como se estivéssemos num estado de transe, e algo experimentamos como se a nós fosse imposto e se a nossa própria vontade não nos pertencesse. O autor descreve a experiência de um estado alterado de consciência, freqüentemente atribuído às vivências religiosas.

Heschel considera indiscutível a sensibilidade humana ao sublime e à beleza da natureza, e, para ele, no mínimo, aquele que não a percebe torna-se indigno de ser considerado humano. Na visão do autor, o que está sob o domínio da nossa percepção do mundo são os aspectos da natureza que mais nos chamam a atenção: "*sua força, beleza e grandeza*, bem como o modo de nos relacionarmos com o mundo, ao *explorá-lo, ao desfrutá-lo, e ao temê-lo* pela sua magnitude"[42]. A posição do homem frente a ela é expressa pelo modo que suas atitudes buscam realizar, principalmente, a auto-satisfação, pois, "a força, ele a explora. A beleza é para o seu gozo. E a grandeza enche-o de admiração"[43], como se tudo que nela existe estivesse ali para servi-lo.

Esse exemplo constata como os valores têm sido colocados de forma a não nos auxiliar no despertar desses sentimentos. Heschel afirma que em nossa época a força constela-se como o bem maior, dote capaz de desbravar a natureza e de transformá-la para a eficácia na utilização de recursos. E essa exploração da natureza, para o autor, atualmente representa o maior propósito tido pelo homem na criação de Deus, dizendo que: "O homem tem, naturalmente, se tornado o animal fabricante de ferramentas para a satisfação de suas necessidades, de uma forma cega e inconseqüente"[44].

41. *Deus em Busca do Homem*, p. 54.
42. Idem, p. 53.
43. *O Homem Não Está Só*, p. 15.
44. *Deus em Busca do Homem*, p. 53.

Essa preocupação de Heschel é possível conferir observando-se o resultado dramático dessa inconseqüência que testemunhamos na resposta da natureza frente a sua exploração desmesurada, e, constatamos em todo o mundo, na manifestação de ocorrências de poderosas catástrofes naturais.

Heschel, numa crítica contundente ao homem moderno, que prioriza o conhecimento com fins pragmáticos utilitários, salienta que venerar é mais importante do que compreender:

> Os gregos aprendiam a fim de compreender. Os hebreus aprendiam a fim de venerar. O homem moderno aprende a fim de usar. A Bacon devemos a formulação "saber é poder". Assim é que as pessoas são impelidas a estudar, saber significa sucesso. Não sabemos mais como justificar qualquer valor exceto em termos de experiência. O homem está propenso a definir-se como "*aquele que busca o máximo de conforto pelo mínimo dispêndio de energia*". Ele compara o valor com aquilo que avalia. Ele sente, age e pensa como se o único propósito do universo fosse satisfazer suas necessidades[45].

Não há dúvida a respeito da ampla importância do desenvolvimento científico da pesquisa em geral e na medicina em particular, beneficiando-nos amplamente. Mas a questão a ser levantada tem, como ponto crítico, o que se dá no uso indiscriminado da droga que se presta a sanar a solidão e a falta de sentido de vida que tanto afligem a alma do homem contemporâneo.

Estamos cônscios de que há em jogo um grande sistema que envolve fortes interesses econômicos para perpetuar a condição de alienação, ao qual convém a manutenção e a maximização da demanda de consumo exagerado, o que redunda na indiferença da consciência social a se esquivar de seus problemas mais fundamentais. Não há lugar para a vida interior, para a experiência da subjetividade e muito menos tempo hábil que não seja para atender, tal qual máquina ou robô, a pressão externa exercida pela alta demanda de produtividade.

O vazio de sentido, a dor e o sofrimento emocional são experiências de sentimentos, de percepções realísticas, que fazem parte da vida, do ser no mundo, quando o mínimo sinal de tristeza manifestado pela pessoa é tido como depressão e imediatamente medicado. A pessoa, quando medicada, encontra alívio para esses sintomas, mas tem enfraquecida sua força para lidar com a realidade e a pertinência de suas percepções. Aos poucos, a resposta do organismo como um todo fica comprometida. Atualmente temos como exemplos comuns tanto a síndrome do pânico (conjunto de sintomas que expressam grande dificuldade do sujeito em lidar com a realidade que se apresenta de forma ameaçadora, levando-o à exclusão do convívio com os demais), como também a fibromialgia (dor generalizada nas fibras musculares), tida por alguns como um sintoma similar, em nosso século, ao da histeria.

---

45. Idem, ibidem.

Pois, quem de nós não se percebe experimentando, em algum momento da vida, a agitação do manancial de forças irracionais em movimento emergindo das situações críticas de insatisfação, tanto no plano individual como no coletivo, causando-nos medo, se não, por vezes, terror? O que na realidade é uma percepção sutil do medo encontra-se escamoteada na oferta de felicidade a qualquer preço e na busca desenfreada da eterna juventude, nos produtos descartáveis e na vida descartável, na produção da imagem e semelhança da beleza comercializada, sucumbindo à idolatria do poder aquisitivo. Na visão de Heschel:

> O homem moderno, tendo atingido o estágio final, tem evitado todo apelo em direção a entidades inobserváveis. [...] Ofuscados pelas brilhantes realizações do intelecto no campo da ciência e da técnica, nós não nos convencemos apenas de que somos os senhores da terra; nós nos convencemos também de que nossas necessidades e interesses são o padrão fundamental do que está certo ou errado. Conforto, bens materiais e sucesso tentam, continuamente, nossos apetites, diminuindo nossa visão daquilo que é requerido, mas nem sempre desejado. Essas coisas tornaram fácil para nós o aumento da cegueira pelos valores. Os interesses são o cão do homem; [...] seu explorador e guia[46].

Metaforicamente, vemos o temor e o tremor deslocados para a experiência do corpo e da mente adoecidos, num estremecimento do homem frente ao insondável, numa reverência a um mundo sem Deus.

Para o autor, a fé suprema nas estatísticas e a total negação da idéia de mistério tornam o homem insensível à dimensão espiritual da vida e desvalorizam o conhecimento religioso, instigando a dúvida em detrimento da fé. Em conseqüência, o homem, ao se tornar, nas palavras de Heschel: "Indiferente àquilo que lhe falta, deixou de confiar na sua vontade de crer ou até mesmo de entristecer-se, pelo esforço inútil no desejo de crer"[47].

Heschel analisa a precariedade nos relacionamentos e a compreende, principalmente, como um dos males de nosso tempo causados pela falta de confiança que depositamos na natureza humana. Pensa ele que estamos inclinados a ver o mundo como a um pandemônio, quando criticamos sua ausência de senso de virtude e de integridade. Mesmo que se corrompa a bondade por puro egoísmo, saboreamos a auto indulgência em todos os valores. De outro modo, não fazemos outra coisa a não ser violar a verdade com evasivas, tecendo todas essas críticas de forma contundente ao modo em que as coisas se nos apresentam.

Porém, desejamos que a idéia de honestidade seja mantida e a pureza seja como o enquadramento do círculo da natureza humana. Para o autor, essa atitude resulta na histeria da suspeita (paranóia), que nos tornou desconfiados uns dos outros, e na perda de confiança

---

46. *Deus em Busca do Homem*, p. 55.
47. Idem, ibidem.

em nossas aspirações ou convicções. Deste modo, em "nosso pensamento, partimos do princípio da suspeita e não da dúvida"[48].

A partir dessa reflexão, o autor questiona a visão da psicologia quando esta reduz a interpretação da crença religiosa à satisfação de desejos inconscientes, e Deus a uma projeção de emoções egoístas. Mas, o que realmente lhe parece sério observar é mais a necessidade de se buscar a prova de uma fé autêntica do que a existência de Deus[49]. Na citação abaixo, constatamos a atualidade do comentário de Heschel:

> Não somente nos privamos da fé; nós perdemos nossa fé no seu verdadeiro significado. O que nós temos é um senso de pavor. Temos medo do homem. Estamos atemorizados de nossa própria força. Nossa orgulhosa civilização ocidental não se tem oposto à onda de crueldade e crime que jorra de dentro da tendência interior, para o pecado, da alma humana. Nós quase mergulhamos numa corrente de culpa e mistério que não deixa nenhuma consciência limpa[50].

Certamente compartilhamos, com o autor, desse apelo à consciência. A realidade que apresenta em seu comentário, sem sombra de dúvida corresponde à angustia e impotência que sentimos. Heschel fala-nos das possíveis conseqüências que a perda de Deus causou à humanidade, e tenta recuperar nossos sentidos para a percepção da gravidade da situação abissal em que vivemos.

Refere-se a algumas vertentes da psicologia que muito têm formulado sobre a alma, tomando-a como seu objeto de estudo, reduzindo o cerne da questão religiosa da alma a uma função do psiquismo. Em detrimento do seu aspecto diferencial no âmbito religioso espiritual, o autor nos adverte do perigo de tornar Deus um mero produto ou conceito do intelecto pela racionalização da realidade divina. O risco pode ser, além da perda do profundo sentido da alma, o do prejuízo dos princípios e valores éticos que orientam a conduta pessoal[51].

Confundem-se o natural e o sobrenatural, redundando numa simplificação conceitual, na qual se perde o sentido do transcendente e junto com ele o significado e a atitude de reverência e veneração que despertam a presença do sagrado inefável, ponto de vista este que modifica, por vezes, de forma radical, a visão do homem a respeito de sua própria vida.

---

48. Idem, p. 488-489.
49. Idem, p. 55.
50. Idem, p. 56.
51. Cf. A. Samuels, *Jung e os Pós-Junguianos*, p.177. Jung, na psicologia analítica, corrobora com esse ponto de vista, quando diz que "o homem tem uma tendência invencível a confundir a imagem com a realidade, a divindade no homem e o Deus transcendente, não considerando a diferença que existe entre o objeto e a imagem, apesar do caráter absoluto da experiência da 'Imago Dei', assim, Deus, ou aquilo que é chamado Deus, é apenas considerado como expressão simbólica de uma realidade imanente ao homem, como um conteúdo psicológico, e, sob esse prisma, atua no desenvolvimento da consciência como um fator natural".

Heschel diferencia a alma da razão, apesar dessas advirem da mesma fonte, compreendendo que:

> Quanto mais incisiva a consciência do desconhecido e mais vigorosa nossa percepção imediata da realidade, tanto mais aguda e inexorável se torna a nossa verificação dessa disparidade. Como o simplório identifica a aparência com a realidade, assim o superculto identifica o exprimível com o inefável, o lógico com o metalógico, os conceitos com as coisas. E assim como o pensamento crítico está cônscio da sua não identidade com as coisas, assim nossa alma em sua auto-reflexão leva no coração uma consciência de si mesma distinta do conteúdo lógico dos seus pensamentos[52].

O autor propõe a consciência do inefável como o ponto de partida para nossas indagações e critica a filosofia por ter-se deixado seduzir pela promessa do conhecido em detrimento, muitas vezes, dos tesouros do incompreendido mais profundo, delegando-os aos poetas e aos místicos. Concorda, entretanto, não ser possível haver problemas metafísicos sem o sentido do inefável, nem consciência do ser como ser, do valor como valor.

Heschel alude ao fato de sermos cidadãos de dois reinos, o que nos sujeita a uma dupla lealdade, o que significa vivermos o sentido do inefável num reino e nomearmos e explorarmos a realidade noutro[53]. Em decorrência disso, principalmente aos que têm paixão pelo conhecimento, deve-se observar, segundo o autor, que: "fascinados, nossas mentes apossam-se das riquezas de um mundo irresistível e, carregando nossos limitados espólios, apressadamente deixamos a terra para nos perdemos no redemoinho de nossos próprios conhecimentos"[54].

A preocupação do autor atinente à perda de Deus, ou ao homem como a medida de todas as coisas, numa de suas facetas, é percebida no desespero, pavor, ansiedade e indignação que experimentamos com o resultado da violência, qual moeda corrente, que a cada dia somos obrigados a confrontar.

A indiferença, a falta dos limites hierárquicos de respeito à autoridade, a dificuldade em se frustrar, resultam na falência dos valores básicos que estabelecem a ordem em qualquer relacionamento ou situação. O mínimo de educação e o máximo de exploração, licença em que o princípio do mais lucrativo para a satisfação dos próprios interesses, vigora. O respeito à palavra empenhada é relegada ao esquecimento, como se guardada numa memória recôndita de virtude, ética – princípio que se assenta ou que repousa no passado. A consideração com o outro tem como principal critério o descartável, de acordo com o interesse relativo ao momento, resultando em vínculos de interesse de extremo utilitarismo.

---

52. *O Homem Não Está Só*, p. 20.
53. Idem, p. 21.
54. Idem, p. 44.

Heschel sem dúvida é porta-voz da angústia que ressoa nossos sentimentos ao protagonizar a questão: "O que é possível fazer com nossa força? O que podemos fazer pelo mundo?"[55]. É intensa a tarefa que nos propõe e podemos concordar plenamente com o autor, quando diz: "O dilúvio de infelicidade está varrendo para fora nossos conceitos disformes"[56], e exclama:

> Quem é o Senhor? Nós nos desesperamos sempre que tomamos consciência dele, sempre que tornamos a alcançar a fé no seu verdadeiro significado. Naturalmente, num sistema de idéias onde *conhecimento é poder*, onde os valores são sinônimos de necessidades, onde a pirâmide do ser está de cabeça para baixo – é difícil encontrar um caminho para a conscientização de Deus[57].

A partir dessa reflexão, o autor deriva a idéia de que nossa força encontra-se no mundo e, conseqüentemente, que estamos absorvidos numa torrente de ouro, donde conclui que o único Deus que se pode encontrar é o bezerro de ouro. E se tomarmos a natureza como a uma caixa de ferramentas, este mundo inevitavelmente transforma-se em um mundo que não conduz além de si próprio. Heschel nos dá a entender que "somente quando a natureza é sentida como um mistério e uma grandeza é que somos impelidos a olhar além dela"[58], alternativa que se encontra na consciência do inefável.

O SUBLIME E O MARAVILHOSO

Quem somos nós? Qual é a natureza de nossas intenções, quais objetivos nos dão sentido à vida? São essas as questões fundamentais que nos dizem respeito e o que podemos constatar é que, "*a consciência da grandeza e do sublime está quase se esmaecendo na mente moderna*"[59]. Do ponto de vista de Heschel, esse problema também está no âmbito pedagógico (na base do ensino) e, nele encontram-se possíveis soluções, de acordo com sua crítica:

> Nossos sistemas de educação dão ênfase à importância de habilitar o estudante em explorar o aspecto de força da realidade. [...] tentam desenvolver sua habilidade para apreciar o belo. Mas não há nenhuma educação para o sublime. Ensinamos como medir, como pesar. Nós deixamos de ensinar-lhes como honrar, como sentir o maravilhoso e o temor. O sentimento do sublime, a marca da grandeza interior da alma humana e algo do que é potencialmente dado a todo homem, agora se tornam um dom raro. Contudo, sem isso, o mundo se torna insípido e a alma se torna um vácuo. Aqui é onde o aspecto bíblico a respeito da realidade pode servir-nos como um guia[60].

---

55. *Deus em Busca do Homem*, p. 56.
56. Idem, ibidem.
57. Idem, ibidem.
58. Idem, ibidem.
59. Idem, ibidem.
60. Idem, p. 56-57.

A concepção pedagógica hescheliana é a do retorno (*teschuvá*), e, nesta concepção bíblica, "o judaísmo é comprometido com a noção de que a educação pode e deve atingir o homem em seu íntimo, pois seu objetivo é refinar e exaltar a natureza do homem"[61].

A pedra fundamental da *Torá* é a possibilidade de crescimento espiritual da humanidade. Heschel compreende os profetas como extremamente sensíveis às perversidades do homem, demonstrando uma profunda consciência da obstinação e da insensibilidade da espécie humana. Entretanto é intensa a confiança em sua capacidade de redenção, na possibilidade de empreender ações que a redimam para retornar a Deus e viver sob a égide da justiça e da compaixão[62].

A importância da educação religiosa encontra-se na coerência entre o ensino e a vida. Para o autor a questão é ampla e difícil. Ele atribui, em parte, o fracasso do ensino religioso contemporâneo a alguns fatores externos que causam sua ineficácia. Alude não desprezar, em geral, a influência corrosiva da atmosfera social que neutraliza o efeito do ensino religioso, inclusive o fato de a criança viver a maior parte do tempo em um ambiente obcecado pela comercialização, ostentação e cinismo. Porém, Heschel insiste em advertir que a insipidez e a trivialização do ensino religioso estão entre as principais causas desse fracasso, tanto na falta de empenho em atingir uma profunda compreensão de Deus, quanto no fato de não possuir audácia espiritual, coragem intelectual e poder de desafio.

Ele afirma que a juventude não necessita de tranqüilizantes religiosos nem da religião como diversão ou passatempo. Alerta para a questão perceptível do colapso entre a comunicação dos problemas pessoais do indivíduo e a mensagem de nossa herança, e diz que: "Uma educação que foge das questões intelectuais ou que ignora o enfraquecimento emocional está condenada ao fracasso"[63], quando o ensino é desprovido de sentido não se relaciona com a questão existencial do aluno, ou seja, não considera sua vida íntima e menos ainda seu comportamento fora da sala de aula.

Heschel faz objeção ao fato de não serem levantadas questões fundamentais na sala de aula, como essas que tratam, por exemplo, da forma pela qual deveríamos enfrentar o mal, qual é nossa relação com o inimigo, o que fazer com a inveja, qual é o significado da honestidade, como se deve enfrentar o problema da solidão, o que diz o judaísmo sobre a guerra e a violência e sobre a indiferença diante do mal. Na compreensão do autor a educação religiosa é de importância vital, assim como também oferece mais subsídios para o enfrentamento dos obstáculos e mais significado para a vida. Porém entende que a

---

61. *O Último dos Profetas*, p. 138.
62. Idem, p. 139.
63. Idem, p. 136.

educação é principalmente de responsabilidade dos pais, e, segundo a tradição judaica, o professor não é mais do que um representante deles, o que lhe exige mais cautela ao ensinar. Heschel tece uma crítica aos pais que não atentam para sua própria forma de agir e esperam que "as criancinhas escutem e reconheçam a voz do espírito"[64].

Outra faceta que o autor considera deficiente é a da descaracterização do ensino, quando a transmissão em si do legado religioso não é expressa como um acontecimento significativo para aquele que o ensina. Depende da qualidade e dedicação do mestre a tarefa da comunicação, pois, como explica Heschel, "a tarefa do professor é ser como uma parteira para o aluno e uma parteira para nossa tradição"[65]. A relação entre ambos deve passar por momentos significativos de compartilhar *insights* e apreciação, apesar de reconhecer a grande dificuldade que a tarefa do ensino envolve. Nas palavras de Heschel:

> A causa do fracasso da educação judaica é o declínio da fé na educação judaica e, basicamente, na falta de fé no ensino dos valores. Nossa premissa é a certeza de que somos capazes de educar o homem interior, de formar e de informar a personalidade, de desenvolver não somente a memória, mas também a capacidade de discernimento, não somente a informação, mas também a apreciação, não somente as habilidades, mas também o respeito, não somente a instrução, mas também a fé, não somente o estudo, mas também o sentido dos valores. Abstendo-nos de ensinar os valores, abdicamos da responsabilidade[66].

Na visão do autor precisamos estar atentos às poderosas atividades de cultura de massa que influenciam as atitudes e o conceito de valores veiculados pela mídia, que atingem o indivíduo como um todo, pois representam uma ameaça quer à sua sensibilidade e independência, quer ao seu equilíbrio interior e liberdade[67].

Portanto, para Heschel, é só quando o homem percebe aquilo que olha, vê e se encanta que ele pode se encontrar para além dele mesmo, e tomar consciência de que isso se dá a partir do olhar de Deus. Essa é a experiência do sublime, a imprescindível consciência de que aquilo que lhe parece belo pertence à ordem do divino. Então, fica óbvio que não é o que está ao alcance de nossa visão que podemos ver enaltecidos, mas só podemos nos maravilhar quando é imediatamente reconhecida a sua fonte, o divino[68].

Nessa análise Heschel assinala, na área educacional, a necessidade de propostas pedagógicas que incluam não só valorizar a experiência insondável, como também nomeá-la devidamente, ensinando às crianças a virtude das questões pertinentes ao admirável e ao sublime, sentimentos que dizem respeito ao mistério da natureza e da criação. Como obser-

---

64. Idem, p. 137.
65. *O Último dos Profetas*, p.137.
66. Idem, p. 138.
67. Idem,ibidem.
68. Cf. *Deus em Busca do Homem*, p. 56-57.

vamos, quando nos fazem perguntas espantosas a respeito da vida e da morte, de seu assombro com o ecoar dos trovões que precedem a chuva.

A surpresa, a maravilha e a excitação que as crianças expressam no primeiro contato com a natureza, o mar, as cachoeiras, as cavernas, em suma, com toda vida natural sentida como criação divina. Admiramo-nos com a profundidade de suas questões e se essas forem devidamente acolhidas e adequadamente consideradas importantes podem permanecer invioladas até a vida adulta, dando o suporte ou a abertura necessária à consciência da espiritualidade. Essa consciência não só lhes apazigua os medos e inseguranças infantis, como também representa a base que dignifica a vida adulta. Podemos, desde o início do processo de aprendizagem e socialização, perceber como as crianças aprendem com nossas atitudes cotidianas frente à vida – mais do que com o que pretendemos ensiná-las.

Para Heschel, o sublime não está em oposição à beleza e tampouco deve ser considerado como uma categoria estética. Ele amplia a ação do sublime como uma experiência além dos âmbitos acima descritos, quando diz que o sublime pode ser sentido nas coisas belas tanto quanto nos atos de bondade e na busca da verdade. A percepção da beleza pode ser o princípio da experiência do sublime[69]. Heschel refere-se à interessante análise do físico Max Planck, que menciona o seguinte:

> O sentimento de admiração como origem da nascente inexaurível do desejo (da criança) pelo conhecimento [...] Leva a criança, de modo irresistível, a solucionar o mistério, e se em sua tentativa ela encontra um relacionamento casual, ela não se cansará de repetir a mesma experiência dez vezes, cem vezes, a fim de sentir as emoções da descoberta vezes sem conta. [...] A razão por que o adulto não se maravilha tanto não é devido ao fato de ter ele solucionado o enigma da vida, mas porque ele cresceu acostumando-se às leis que governam seu ambiente de vida. Mas o problema por que estas leis particulares e não outras permanecem, é para ele tão estranho e inexplicável como para uma criança. Aquele que não compreende esta situação interpreta erroneamente seu profundo significado, e aquele que encontrou um estágio onde ele não se maravilha tanto a respeito de coisa alguma, demonstra, pura e simplesmente, que perdeu a arte do raciocínio reflexivo[70].

Heschel diz:

> O amor, por exemplo, é mais que cooperação, mais que sentir e agir conjuntamente. Amar é ser juntamente, um modo de existência, não só um estado de alma. O aspecto psicológico do amor, sua paixão e emoção, é apenas um aspecto de uma situação ontológica. Quando um homem ama a outro, constitui uma união que é mais que uma adição, mais que um mais um. Amar é unir-se ao espírito de unidade, elevar-se a um novo nível, entrar numa nova dimensão, uma dimensão espiritual. Porque, como vimos, o que quer um homem faça a outro homem, fá-lo também a Deus[71].

69. Idem, p. 60-61.
70. M. Planck apud A. J. Heschel, *Deus em Busca do Homem*, p. 67-68.
71. *O Homem Não Está Só*, p. 213-214.

O autor refere-se àquele amor que busca a Verdade. Amar ao próximo como a si mesmo significa um profundo empreendimento pessoal que nos demanda esforço e coragem da consciência em obter equilíbrio pelo confronto com aspectos sombrios da personalidade, o mal (a maledicência), que na maior parte das vezes é ao outro atribuído. Para Heschel, tudo o que existe obedece a certa ordem como ser natural, entendendo que só o homem ocupa um *status* único, pois como ser natural ele obedece e como ser humano, freqüentemente, tem sempre que escolher qual caminho tomar[72]. Desse modo no entender do autor:

> O homem está sempre diante da alternativa de escutar ou a Deus ou a serpente. É sempre mais fácil invejar o animal, adorar um totem e ser dominado por ele do que atender à Voz. Nossa existência oscila entre a animalidade e a divindade, entre o que é mais e o que é menos que a humanidade: abaixo está a evanescência, a futilidade e acima a porta aberta do tesouro divino onde depositamos a moeda da piedade e do espírito, os restos imortais de nossas vidas mortais. Estamos constantemente entre as mós da morte, mas somos também contemporâneos de Deus[73].

Heschel, em seu livro *A Passion for Truth,* toma as figuras de dois grandes sábios da *Torá,* o Baal Schem Tov, o Mestre do Bom Nome, o exemplo da misericórdia, e o Kóztker Rebe, o exemplo da ação da justiça, como forma de lidarmos com os impulsos egocêntricos da natureza humana[74]. A principal atitude a ser tomada na busca de autoconhecimento é exigirmos um trabalho constante de reflexão, questionarmo-nos a respeito da finalidade de nossas intenções, e termos, como principal objetivo, o revelarmo-nos a nós mesmos.

É preciso tanto duvidar da natureza de nossas boas intenções quanto das autojustificativas, pois estas nos servem como um meio de não só assumir atitudes eticamente desprezíveis, como também de não nos responsabilizarmos pelos jogos de poder que engendramos. Portanto, no confronto interno, é preciso ter coragem suficiente para admitirmos a desilusão com a própria auto-imagem, o que necessariamente implica experimentar o sofrimento do qual muitas vezes, preferimos nos esquivar. Podemos evoluir como seres humanos e aprender a amar somente a partir do esforço em reconhecer as características negativas que em nossa alma habitam, como a inveja, o ódio e o orgulho. A busca da integridade para Heschel é inerente à consciência de que:

> Honestidade, autenticidade, integridade sem amor podem levar à ruína dos outros, de si mesmo ou de ambos. Por outro lado, amor, fervor ou exaltação sozinha, pode seduzir a viver num Paraíso alucinado – o Inferno do sábio. É impossível encontrar a Verdade sem estar amando, e é impossível experimentar o amor sem ser verdadeiro, sem viver a Verdade[75].

---

72. Idem, p. 215.
73. Idem, p. 218-219.
74. Ver supra p. 3.
75. Idem, p. 45. (Tradução da Autora)

O milagre é a vida, ela própria fonte de onde jorra Luz inesgotável. Podemos atribuir sentidos ao sofrimento da alma em busca de respostas para conflitos de ordem existencial, numa postura humilde de aprendizado que oculta em si mesmo o despertar da consciência espiritual. Nesse aspecto, o equilíbrio dinâmico das polaridades é a expressão da beleza, como a boa medida dos sentimentos e da alegria que nasce da compreensão e da gratidão por saber-se existir. A alegria é um estado que pode ser compreendido como o resultado desse trabalho da consciência e da sensibilização para percepção do evento ou da série de eventos, o insondável, que acabam por se transformar na consciência.

Entendemos que Heschel nos propõe resgatar o olhar da criança e o reaprendizado que é o espanto frente ao deslumbramento da criação na trilha do maravilhoso mistério e no ato divino, que a tudo envolve desde a primeira inspiração. A delicadeza da expressão dos sentimentos na linguagem do autor é capaz de nos conduzir à percepção de matizes e nuances da expressão de nosso mundo emocional. Ele diz apropriadamente que "o tema do lirismo bíblico não é o encanto ou a beleza da natureza; é a grandeza e o aspecto sublime da natureza que a poesia bíblica tenta celebrar"[76]. Os milagres só acontecem àqueles que Nele crêem! Por isso, segundo Heschel:

> O sublime para o judaísmo não é uma categoria estética. O sublime pode ser sentido nas coisas belas tanto como nos atos de bondade e na busca da verdade. A percepção da beleza pode ser o princípio da experiência do sublime. O sublime é aquilo que nós vemos e é quase incapaz de comunicar-se. É a saliente alusão às coisas com um significado maior do que elas próprias e pode ser sentido em cada grão de areia, em cada gota de água. Cada flor na primavera, cada floco de neve no inverno, podem elevar-nos a um sentimento do maravilhoso que é nossa manifestação do sublime[77].

O sentimento do maravilhoso resulta de um estado de elevação ao qual o sublime nos remete. Para Heschel, "o sentido do sublime deve ser observado na raiz das atividades criativas do homem na arte, pensamento e nobreza de vida"[78]. É a intuição como um olhar sobre a vida revelada que oculta em si sua magnitude, a sensibilidade àquilo que só podemos aludir à Presença.

Heschel, continuando sua análise sobre o conceito de sublime, faz uma crítica a Edmund A. Burke (1729-1797) e a Immanuel Kant (1724-1804)[79], que tratam o conceito contrastando-o com a beleza. Para o autor, a forma como esses pensadores descrevem o significado e

76. *Deus em Busca do Homem*, p. 57.
77. Idem, p. 60-61.
78. Idem, p. 61.
79. Heschel baseia sua análise nas seguintes obras: E. A. Burke, *Uma Investigação Filosófica Sobre a Origem de Nossas Idéias do Sublime e do Belo*; e I. Kant, *Crítica da Faculdade do Juízo*.

a percepção do sentimento de sublime não é muito adequada, pois este não está em oposição à beleza, não pode nem mesmo ser considerado uma categoria estética e não está necessariamente relacionado com o vasto e o esmagador.

O autor diz que, diferentemente, para o homem bíblico o sublime é apenas um caminho no qual as coisas reagem à presença de Deus, não tem uma qualidade de significado próprio nem tampouco compreende um aspecto essencial da realidade, mas existe para algo além de si mesmo: "é um acontecimento, um ato de Deus, uma maravilha. O que parece ser pedra é um drama; o que parece ser natural é extraordinário. Não há fatos sublimes; há unicamente *atos* divinos"[80].

Em contraste, a reação do piedoso que sente o sublime é ser arrebatado por sua ânsia de exaltar e de louvar o Criador do mundo. E, segundo o autor, diante dos sinais de ameaça, o homem bíblico diz: "Ainda que eu andasse pelo vale da sombra da morte, não temeria mal algum, porque tu estás comigo (Sl 23,4)"[81].

A reação aos objetos sublimes, céu, estrelas, tem um mistério em comum e depende da nossa capacidade em mantermos a percepção sensível à experiência da religiosidade, o que dá ensejo a cultivar continuamente o Deus Vivo. Heschel concorda que isso acontece porque a reação aos objetos sublimes não é simplesmente a perplexidade terrificante ou a estupefação da mente e dos sentidos, mas, sim, maravilha e pasmo[82].

O PRODÍGIO

Entre os temas relativos aos sentimentos que se encontram na *Bíblia* está o valor que Heschel atribui ao legado de prodígio que a tradição religiosa resguarda. Argumenta o autor que a forma insidiosa que nos faz suprimir a capacidade de perceber tanto a importância do significado a respeito de Deus como o de sua adoração, é pressupor como segura a existência de todas as coisas, e diz: "A indiferença ao prodígio sublime da vida é a raiz do pecado"[83].

O autor considera que os prodígios são de duas espécies: uma tem sua expressão na atitude do homem religioso com respeito à historia e à natureza, reagindo com total espanto e vislumbrando o milagre, e a outra se expressa na atitude daquele que se encontra alienado de seu espírito, tomando os eventos surpreendentes como parte do curso natural das coisas, só pelo fato de ter um entendimento aproximado da causa do fenômeno. Apesar de saber que há leis que regulam o curso dos processos naturais, Heschel diferencia sobremaneira a visão do

80. *Deus em Busca do Homem*, p. 62.
81. Idem, p.63.
82. Idem, p. 53-63.
83. Idem, p. 64.

homem religioso que olhando para o mundo diria: "Foi o Senhor que fez isso, e é coisa maravilhosa aos nossos olhos (Sl 118,23)"[84].

Heschel justifica a importância do significado de prodígio desde Platão já estabelecido em *Teeteto*, 155d, que diz: "Prodígio é o sentimento de um filósofo e filosofia começa com prodígio"[85] e posteriormente, sustentado por Aristóteles: "Pois é devido aos prodígios que os homens começam agora, e, desde o princípio, começaram a filosofar"[86]. É o prodígio considerado desde essa época como a semente do conhecimento, afirma Heschel, e seu mote não é inerente à cognição, ou seja, não se pode dizer que advém do conhecimento, pois cessa uma vez explicada a causa de um fenômeno.

Podemos entender por que Heschel considera a sua falta como a raiz do pecado, pois leva à indiferença. Será que essa indiferença encontra-se a serviço de nosso medo e complacência? Tememos a morte, assim evitamos a vida pelo receio que o desconhecido representa. Numa sociedade hedonista e obcecada pelo sucesso como a nossa, para o autor, deve parecer estranho às pessoas descobrir sentido em partilhar, como os profetas o fizeram, das emoções divinas, e encontrar em Deus um cúmplice que chora pelo nosso sofrimento e ouve nossos lamentos.

Para os profetas *prodígio é uma forma de pensar*. Não é o princípio do conhecimento adquirido; é uma atitude que nunca cessa. Não há nenhuma resposta no mundo para a perplexidade radical do homem[87]. Para Heschel, há uma relação entre o progresso da civilização e o concomitante declínio do senso de prodígio, que acarreta um sintoma alarmante de nosso estado mental. Esse estado mental alerta para um colapso do gênero humano não por carecer de informação, já que há tanto investimento neste setor, mas por carecer de apreciação. Para o autor, "o princípio de nossa felicidade está no discernimento de que a vida sem prodígio não é vida importante"[88]. Ainda segundo Heschel:

> A consciência do divino começa com prodígio. É o resultado do que o homem faz com sua elevada incompreensão. O maior obstáculo para tal consciência é nosso ajustamento a noções convencionais, aos *clichês* mentais. Prodígio ou perplexidade radical, o estado de desajustamento a palavras e noções é um pré-requisito para uma autêntica *consciência* daquilo que é[89].

A perplexidade radical tem um alcance mais amplo do que qualquer outra ação humana:

---

84. Idem, p. 67.
85. Platão apud A. J. Heschel, *Deus em Busca do Homem*, p. 67.
86. Aristóteles apud A. J. Heschel, *Deus em Busca do Homem*, p. 67.
87. Idem, p. 68.
88. Idem, ibidem.
89. Idem, p. 68-69.

Grandeza ou mistério é algo com que nos defrontamos em toda a parte e em todas as épocas. [...] Qual a fórmula que poderia explanar e solucionar o enigma do fato de pensar? Nenhuma coisa ou conceito é nosso, mas somente uma magia engenhosa combina os dois. O que nos enche de perplexidade radical não são as relações nas quais tudo está encaixado, mas o fato de que mesmo *o mínimo* de percepção é *um máximo* de enigma. O fato mais *incompreensível* é o fato de que, de qualquer modo, nós *compreendemos*[90].

Heschel compreende que é impossível sentirmo-nos à vontade e repousar sobre idéias que se tornaram hábitos, sobre teorias enlatadas em que são conservadas as nossas percepções ou as de outras pessoas. O autor afirma que nunca podemos deixar nossos interesses dependentes das opiniões alheias e tampouco permitir que atribuam valor para nossas introspecções. Devemos manter viva a nossa própria admiração e preservar a própria vivacidade. A proposta de Heschel de liberar a espontaneidade das "teorias enlatadas" que conservam idéias tanto nossas como de outras pessoas, o Deus Vivo, assim como o resgate da importância do tempo em que se dá a ação na vida sacralizada. Resgatar a dignidade do ser humano e despertar a consciência do inefável tem similaridade, parceria e aplicabilidade no campo religioso da educação, como a teoria psicológica moreniana, de Jacob Levy Moreno, fundador do psicodrama. Esta teoria tem os mesmos pressupostos básicos filosófico-religiosos do hassidismo[91]. Para ele, falhamos em nossa busca de introspecção, não porque não podemos atingi-la, mas porque somos vítimas de nossa tendência ao narcisismo, quando a mente fica deslumbrada com sua própria reflexão, o que para Heschel é o motivo pelo qual o rompe o pensamento com sua fonte criativa[92].

O SENSO DO MISTÉRIO

Para abordar esse tema que versa sobre o aspecto remoto e profundo que o mistério desperta, Heschel cita o *Eclesiastes*. Este relata a história de um homem que buscava a sabedoria e pesquisava o mundo e seu

---

90. Idem, p. 69.
91. A proposta de Heschel de liberar a espontaneidade das "teorias enlatadas" que conservaNa interessante citação do livro que trata do assunto, E. G. Martín, *Psicologia do Encontro*, p. 150 "O homem criou um mundo de coisas, as conservas culturais, fabricando para si próprio uma imagem de Deus. Quando o homem descobriu seu fracasso no esforço para a máxima criatividade, separou de sua vontade de criar a vontade de poder, utilizando-a como meio indireto para conseguir, apenas com ela, os objetivos de um deus. Com o empenho de uma águia ferida que não pode voar com suas próprias asas, o homem aferrou-se a oportunidades que lhe ofereceram as conservas culturais e as máquinas, com a deificação das muletas como resultado.[...] porém como não possui a verdadeira universalidade de um deus, vê-se obrigado a substituir a onipresença no espaço pelo poder no espaço, derivado de máquinas, e a onipresença em todo momento do tempo, pelo poder no tempo, derivado das conservas culturais".
92. Cf. *O Homem Não Está Só*, p. 26-27.

significado: "Ele queria ser sábio (7,23)"[93], e dedicava-se "aplicando meu coração a conhecer a sabedoria e a considerar o trabalho que há sobre a terra (8,16)"[94]. Heschel comenta que ele, o sábio, compreendeu, finalmente, "que o homem não a pode alcançar pelo trabalho que se faz debaixo do sol; por mais que trabalhe o homem para a buscar, não a achará; e, ainda que o sábio diga que virá a conhecê-la, nem por isso a poderá alcançar (8,17)"[95]. Para Heschel o *Eclesiastes* não está apenas dizendo que os sábios do mundo não são suficientemente sábios, mas trata-se de algo mais radical sobre o que *é*, é mais do que aquilo que você vê; o que *é*, é "remoto e profundo, profundíssimo. *O ser é misterioso*"[96].

Para o autor, o senso do mistério confirma a concepção de que o homem só a partir de si mesmo não atinge seu significado, e sua compreensão só é possível segundo a vontade de Deus. Nesse versículo: "Tenho visto o trabalho que Deus deu aos filhos dos homens. Ele tudo fez formoso em seu tempo; também pôs no coração dos homens o mistério, a fim de que o homem não possa descobrir a obra que Deus fez desde o princípio até ao fim (3, 10-11)"[97]. O autor corrobora com a seguinte citação:

> A sabedoria está além de nosso alcance. Nós somos incapazes de atingir o *insight* do significado e propósito fundamentais das coisas. O homem não conhece os seus próprios pensamentos nem está apto para entender o significado de seus próprios anseios (veja Daniel 2,27)[98].

Essa é a consciência dos grandes profetas e santos. O que lemos é a perplexidade, é o reflexo da consciência do profeta e do santo diante da própria miséria e insuficiência, de como é pequeno frente à grandiosidade de Deus, do mistério do universo. Para o autor, somos inábeis para atingir o *insight* do significado e do propósito fundamental das coisas. Essa concepção é importante no sentido de que reconhecer a nossa limitação favorece a que o sentimento de humildade ocupe o lugar do orgulho e da vaidade, tornando acessível à consciência do inefável.

Heschel cita Agur, Jó e o Eclesiastes[99] para indicar a busca da sabedoria como uma das mais elevadas aspirações do gênero humano e para desvelar o profundo significado da compreensão que esses sábios atingiram, a respeito do misterioso, enquanto tal, que se encontra na própria existência do mundo. O autor replica que não lhes chamavam a atenção milagres ou fenômenos surpreendentes, nem o oculto ou o aparente; nem a ordem, mas sim o mistério da ordem que prevalece no universo. Seja a ordem natural das coisas, na qual o mundo do conhecimento é

---

93. *Deus em Busca do Homem*, p.78.
94. Idem, ibidem.
95. Idem, ibidem.
96. Idem, ibidem.
97. Idem, p. 73-74.
98. Idem, p. 79.
99. Idem, p. 78-80.

um mundo desconhecido, oculto e misterioso, como a própria ordem que prevalece no universo, ela também, um mistério[100]. Então, Heschel nos pergunta qual é nossa sabedoria e responde que se encontra naquilo estimado como impossível considerar: "exploramos os caminhos do ser, mas não sabemos *o que, por que ou para que o ser é*"[101].

Essa é a questão fundamental a qual devemos invariavelmente nos reportar, pois facilmente perdemos a dimensão de nossa própria ignorância. Contentamo-nos com breves respostas que aplacam nossa ansiedade frente às dificuldades, mas Heschel tira-nos do repouso quando encontramos respostas fáceis, em nome de uma felicidade aparente. Lança-nos na tensão dialética dos opostos, em que devemos deixar a consciência desvelar o sentido do conflito encontrado no paradoxo que a vida representa.

À medida que nos angustiamos e sentimos nossa fragilidade, nos perguntamos qual o sentido da vida. Há algum? Ao que o autor responde:

Nem o mundo nem nosso pensamento ou ansiedade acerca do mundo são levados em conta. Sensações, idéias, são impingidas a nós, vindas não sabemos de onde. Cada sensação está estribada em mistério; cada novo pensamento é um sinal que não identificamos completamente. Podemos ser bem sucedidos em solucionar enigmas; ainda assim a própria mente continua uma esfinge[102].

Na dança entre os opostos contida no paradoxo, o autor encontra na expressão: "O segredo está no âmago do aparente; o conhecido é apenas o óbvio do desconhecido"[103], alusão àquilo que nos remete a algo original que gira em torno da transcendência das questões fundamentais. Somos parte do todo e podemos apreender a dimensão em que estamos inseridos dentro do contexto universal. Imersos nessa experiência, lança-nos novamente ao que compreende como: "O mistério não está apenas além e distante de nós, estamos envolvidos nele. É nosso o destino, e a sorte do mundo depende do mistério"[104].

Consciência da Ignorância Humana

Heschel diz que há duas atitudes diante da ignorância. Numa reinam a preguiça e a indolência que fatalmente levam à complacência. A outra nos leva à humildade, pois age como motor que aciona a vontade de conhecer e buscar respostas, onde é sofrimento não conhecer, nessa a mente encontra repouso.

Há uma passagem bíblica que ocorre quando da saída do Egito, quando Deus enviou o maná para o povo dele se alimentar. Alguns

100. Idem, p. 80.
101. Idem, p. 80-81.
102. Idem, p. 81.
103. Idem, ibidem.
104. Zohar apud A. J. Heschel, *Deus em Busca do Homem*, p. 81.

reagiram de forma indolente, outros não o viram, enquanto só alguns puderam vê-lo, ouvi-lo e dele se alimentar. Isto é para que compreendamos que a todos é dada a oportunidade de suprir a alma e desenvolver a espiritualidade, mas nem todos estão dispostos a conquistá-la. Manter a consciência alerta é trabalhoso e implica em sacrifícios da vontade. A metáfora do escravo no Egito serve de analogia ao aspecto material da existência, quando o ser humano a ele adere e sua alma à míngua padece.

Considerando o mistério uma categoria ontológica, Heschel explica não ser sua qualidade esotérica a questão, mas sim observar o mistério fundamental do ser como ser, da natureza do ser como criação de Deus e de algo que permanece além do alcance da compreensão humana, reiterando que o fato mais surpreendente é de que há fatos em tudo: o ser, o universo, o desenrolar do tempo; e que podemos defrontá-los em cada ação, tanto num grão de areia quanto num átomo, e até no espaço estelar, pois cada coisa mantém vivo o grande segredo. Para o autor, essa é a situação inevitável de todo ser, estar envolvido no mistério infinito. O mundo é algo que nós percebemos, mas não podemos compreender.

Heschel aponta para o expressivo sentido da palavra hebraica *'olam*, que no período pós-bíblico denotava mundo, mas que de acordo com alguns estudiosos, é derivada da raiz *'alam,* que significa ocultar, guardar segredo. "O mundo é, ele próprio, um segredo; sua essência é um mistério"[105]. Esse é um fato que continuou a ser uma parte da consciência religiosa do judeu. Heschel compreende-o como:

> O sentido do inefável não é uma faculdade esotérica, mas uma percepção universal, capacidade de que estão dotados todos os homens; é potencialmente tão comum como a vista ou a capacidade de formar silogismos. Pois assim como o homem está dotado da faculdade de conhecer certos aspectos da realidade, possui também a capacidade de conhecer que há mais do que aquilo que ele conhece. Sua mente está relacionada com o inefável tanto quanto com o exprimível e a consciência de sua admiração radical é tão universalmente válida como o princípio de contradição ou o princípio de razão suficiente[106].

Heschel exemplifica a realidade da inacessibilidade dos *insights* da natureza de realidade fundamental. Para atender a necessidade da consciência, é imprescindível sabermo-nos submissos ao desconhecido. Conferindo-nos a parte sempre oculta do plano revelado, assim, o que é para nós revelado mantém-se incompleto e dissimulado. Como exemplo, cita o maior dos profetas: Moisés. Deus entregou-lhe o cuidado de todas as "cinqüenta portas da sabedoria exceto uma. [...] E embora ele subisse ao céu e recebesse a Torá sem um intermediário, o mistério de Deus permaneceu insondável para ele!"[107].

105. Idem, p. 83.
106. *O Homem Não Está Só*, p. 29-30.
107. Idem, p. 30.

Até aqui tudo que Heschel pretende é nos demonstrar a natureza misteriosa do ser, da vida, do universo, para que tenhamos consciência da grande limitação de nossa razão e compreensão. Ao mesmo tempo nos mostra que o insondável é o caminho da busca, é a necessidade de suporte espiritual a uma vida que para o piedoso não envolve dúvida, mas reverência e admiração. Toda discussão é dirigida para as mentes insaciáveis que buscam no conhecimento resposta para suas angústias. O piedoso tem na vida a maior expressão dessa realidade. Só podemos saber Deus sabendo que jamais o saberemos. Ver a presença de Deus no mundo é considerar o mistério, sentir o inefável e resgatar o sentido de viver para além de si mesmo, para o outro, em Sua compaixão e misericórdia.

Segundo o autor, Deus habita em "trevas espessas"[108], e Deus não se cala, "Ele foi silenciado!"[109]. O autor compreende que nossa dureza de coração é o efeito direto de seu ocultamento. Para Heschel, Deus habita em trevas espessas e não se calou, foi silenciado. Essa é a resposta que demos aos males da humanidade. Concepção distorcida que nos justifica responsabilizá-Lo por nossa infeliz condição de sofrimento. Segundo o autor, nós não admitimos ser responsáveis por investirmos em violência e pelo nosso fracasso; surpresos pelos resultados que obtemos, esperamos ser salvos de nossa própria destrutividade. Nele projetamos a responsabilidade pelos maiores sofrimentos humanos, sem admitir nossa participação e encargo nos acontecimentos, assim como, desde Adão, o homem responsabiliza o outro pela sua falta.

Nós O imaginamos transformado num Supremo Bode Expiatório, para responder a horrendos fatos históricos, quando nos defrontamos com o que testemunhamos no Holocausto e em Hiroshima. Heschel comenta:

> Na história homens, grupos ou nações avançaram em muitos aspectos, mas perderam Deus de vista, o divino não interfere em suas ações nem intervém em suas consciências. Tendo tudo em abundância, menos a sua bênção, sentem-se na sua prosperidade como numa concha em que há só maldição sem piedade[110].

Segundo Heschel, "O homem foi o primeiro a se esconder de Deus, (Gn 3,8) [...] após ter comido o fruto proibido, e segue a esconder-se (Jó 13,20-24)"[111]. Para o autor, apesar de vivermos esse ocultamento como uma ausência da misericórdia divina, é essencial nos responsabilizarmos por sua perda. Heschel, além de não acreditar que Deus se ausentou para nós, afirma que sua Vontade é a de estar aqui, manifestado

---

108. Idem, p. 86.
109. Idem, p. 157.
110. Idem, p.159.
111. Idem, p.157-159.

e próximo, apesar de Lhe negarmos a presença. "Deus não se retirou por sua própria vontade. Foi expulso. *Deus está exilado*"[112].

Nesta concepção o autor interpreta que o fato mais grave no ato de Adão de comer o fruto proibido foi sua atitude de se esconder de Deus, depois de tê-lo feito. "Onde estás?" Essa é a primeira pergunta que ocorre na *Bíblia*, o que significa, para o autor, que Deus persiste em nossa busca, apesar de nossa pouca disponibilidade em buscá-Lo. No entanto, se o fizermos, essa distância imediatamente desaparece. Para o profeta não há o Deus oculto, apenas um Deus que se esconde, a fim de que seja admitida sua existência em nossa vida, na esperança de ser descoberto[113].

Quando o profeta diz que o homem é capaz de encontrar Deus, que Ele não está oculto, ele pretende nos dizer que Deus não está ausente. Para Heschel, Deus está em busca do homem e o objetivo do homem é tornar-se digno de ser lembrado por Deus. "Este é o significado da vida, de acordo com a disciplina religiosa: fazer nossa existência ser digna de ser conhecida por Deus"[114].

Diante de tais afirmações, não há como não citar um comentário de Viktor E. Frankl[115] sobre as diferenças individuais. Ele acredita que elas não se apagam frente às situações de extremo sofrimento e estresse. O autor contrapõe-se a Freud, que em certa ocasião afirmou o seguinte:

> Imaginemos que alguém coloque determinado grupo de pessoas, bastante diversificado, numa mesma e uniforme situação de fome. Com o argumento da necessidade imperativa da fome, todas as diferenças individuais ficarão apagadas, e em seu lugar aparecerá a expressão uniforme da mesma necessidade não satisfeita[116].

No que refuta Frankl dizendo: "Em Auschwitz as diferenças individuais não se apagaram, mas, ao contrário, as pessoas ficaram mais diferenciadas, os indivíduos retiraram suas máscaras, tanto os porcos como os santos"[117]. Num diálogo com o leitor diz o seguinte:

> Você pode estar inclinado a acusar-me de invocar exemplos que são exceções à regra. [...] Naturalmente, você pode perguntar se realmente precisamos referir-nos a santos. Não seria o suficiente referir-nos a pessoas *decentes*? É verdade que elas formam uma minoria. E, no entanto, vejo justamente neste ponto o maior desafio para que nos juntemos à minoria. Porque o mundo está numa situação ruim. Porém, tudo vai piorar ainda mais se cada um de nós não fizer o melhor que puder. Portanto, fiquemos

---

112. Idem, p. 159.
113. Idem, p. 160.
114. *O Último dos Profetas*, p. 83.
115. V. E. Frankl, criador do método logoterapia, no livro de sua autoria, *Em Busca de Sentido*: um psicólogo no campo de concentração, que lhe serviu de validação existencial da teoria que propõe.
116. S. Freud apud V. E. Frankl, *Em Busca de Sentido*, p. 129.
117. V. E. Frankl, op. cit., p. 130.

alertas – alerta em duplo sentido: desde Auschwitz nós sabemos do que o ser humano é capaz. E desde Hiroshima nós sabemos o que está em jogo[118].

Essa citação serve-nos como ilustração para acompanhar a reflexão de Heschel diante dessa monstruosidade, e diante da qual não podemos nos furtar de perguntar: "onde está Deus em sua compaixão?"[119]. Mas perguntamos, também, qual é a resposta do homem ao apelo de Deus, "Onde estás?"[120]. Configura-se a relação de busca recíproca, a que temos como resposta do autor:

> O homem tende a ignorar essa questão importante de sua existência, enquanto encontrar tranqüilidade na torre de marfim de sua insignificante presunção até que a torre estremeça, quando a morte varre aqueles que pareciam poderosos e independentes. Quando em épocas de desgraça, os prazeres do sucesso são substituídos pelo pesadelo da futilidade o homem se torna consciente dos perigos da evasão na vacuidade dos pequenos objetivos[121].

A conseqüência dessa mediocridade resulta na apreensão que sente em arriscar a própria vida com receio de ganhar pequenos prêmios, então nele se desperta a alma às perguntas que tentara evitar. Mas qual é a resposta do homem ao apelo de Deus? " 'Onde estás'?[...] Assim disse o Eterno:'Por que, ao vir, não encontrei alguém? Por que, ao meu chamado, ninguém respondeu?'(Is 50,2)"[122].

Somos então obrigados a nos defrontar com a sordidez humana quando o homem não somente se recusa a responder, mas muitas vezes demonstra desafio e blasfêmia. Nas palavras de Heschel, que vão ao encontro das de Frankl: "A espécie humana é capaz de produzir santos e profetas, mas também tiranos e *inimigos de Deus*. A idéia da imagem divina do homem não oferece explicação ao terrível mistério da inclinação ao mal em seu coração"[123].

Na reflexão de Heschel isso se deve à tensão existente entre a inclinação ao bem e a inclinação ao mal, pois a vida humana está cercada de perigos. Para ele, o Sinai representa a superação do fracasso de Adão, consciência que deu início a uma ordem de vida, da resposta à pergunta: "Como deve pensar, agir e sentir o homem, o ser criado à imagem de Deus?"[124].

Podemos considerar nossas essas questões, que se encontram na base dos fundamentos da filosofia a que se dedica toda a pesquisa do autor. Quando ele afirma o significado de o homem ter sido criado à imagem de Deus, crê na intenção de que a criação tivesse no homem

---

118. Idem, ibidem.
119. *Deus em Busca do Homem*, p. 88.
120. *O Último dos Profetas*, p. 214.
121. Idem, ibidem.
122. Idem, ibidem.
123. Idem, p. 214-215.
124. Idem, p. 215.

uma testemunha de Deus, um símbolo Dele e que, ao olharmos para o homem, deveríamos sentir-Lhe a presença. Heschel, numa declaração consternada, diz que ao invés de viver como uma testemunha, o homem tornou-se um impostor; em vez de ser um símbolo, tornou-se um ídolo. Em sua indignada presunção, o homem desenvolveu uma falsa sensação de soberania que preenche o mundo com terror. "Trememos ao pensar que em nossa civilização há uma força demoníaca que tenta se vingar de Deus"[125].

A narrativa bíblica sobre o lugar de origem antes da queda serve como exemplo para a concepção de Heschel, na qual ele sustenta a crítica frente ao comportamento destrutivo humano. Essa reflexão atualiza ou, melhor dizendo, reedita, tanto na esfera das atitudes como na percepção da realidade, o resultado padronizado de desgraças às quais está sujeita a humanidade depois da queda. A situação caótica em que vivemos, esta sim, de que somos testemunhas, confirma a história de que depois que o homem comeu o fruto proibido, o Senhor expulsou-o do Paraíso para lavrar a terra da qual foi extraído. Mas, questiona o autor: "O que fez o homem, que é mais sutil do que qualquer outra criação de Deus?"[126]. Empreendeu a construção de um Paraíso por meio de seu próprio poder e está expulsando Deus desse Paraíso. Também houve tempos profícuos, durante várias gerações, quando as coisas pareciam bem. Mas, conclui que agora descobrimos que nosso Paraíso está construído sobre um vulcão, podendo se tornar um vasto campo de extermínio do homem. Afirma Heschel:

> Este é o momento de gritar: é vergonhoso ser humano. Ficamos constrangidos ao sermos chamados de religiosos diante do fracasso da religião em manter viva a imagem de Deus perante o homem, vemos o que está escrito no muro, mas somos demasiado analfabetos para compreender o que quer dizer. Não há soluções fáceis para problemas sérios: tudo que podemos pregar honestamente é uma teologia do desânimo. Aprisionamos Deus em nossos templos e em nossos *slogans*, e agora a palavra de Deus está morrendo em nossos lábios. Deixamos de ser símbolos. Há escuridão no leste e presunção no oeste. E a noite? E a noite?[127]

Numa descrição fortemente consternada pelo sofrimento de quem presenciou o mal em toda sua pujança e horror, Heschel grita nosso grito abafado, para que ouçamos afinal o eco de todos os gritos de dor da humanidade e façamos alguma coisa, lutemos para salvar a esperança da presença, pela primazia do bem no mundo!

> O que é a História? Guerras, vitórias e guerras. Muitos mortos. Muitas lágrimas. Pouco ressentimento. Muitos medos. E quem poderia julgar as vítimas da crueldade cujo horror se transforma em ódio? Será que é fácil impedir que o horror da maldade se

---

125. Idem, ibidem.
126. *O Último dos Profetas*, p. 215
127. Idem, p. 216.

converta em ódio contra os malvados? O mundo está encharcado de sangue e a culpa é interminável. Não se deve perder toda a esperança?[128]

Heschel nos propõe a mesma alternativa de salvação que havia sido proposta pelos profetas, quando neles encontra respostas para suportar os males da humanidade. Sua pedagogia do retorno baseia-se naquilo que salvou os profetas do desespero, além de sua visão messiânica e também da convicção da capacidade do homem de se arrepender (*teschuvá*), o que influenciou em parte sua compreensão da História.

Para Heschel há esperança, pois ele entende que a História não é um beco sem saída, e a culpa não é um abismo. Para ele há sempre um caminho pelo qual se pode sair da culpa, e esse se encontra no arrependimento e no procedente retorno a Deus. Prova possível abonada pela capacidade do profeta, que mesmo vivendo no desalento tem o poder de transcendê-lo. A inabalável fé do autor assim se expressa: "Acima da escuridão da experiência paira a visão de um dia diferente"[129]. Ele expõe a crua realidade atual da inimizade entre os povos do qual somos partícipes e testemunhas. Heschel nos transmite a mensagem bíblica de conteúdo messiânico do profeta Isaías, quando narra o seguinte:

> Egito e Assíria travaram guerras sangrentas. Odiando-se mutuamente, ambos eram inimigos de Israel. Suas idolatrias eram abomináveis e seus crimes, terríveis. Como se sente Isaías, filho de um povo que aprecia o privilégio de ser chamado de "Meu povo" pelo Senhor, "a obra de suas mãos" (Is 60,21), quando se refere ao Egito e à Assíria?[130]

Ainda afirma o autor:

> Naquele dia haverá um caminho do Egito e da Assíria;
> Os assírios entrarão no Egito, e os egípcios na Assíria;
> E os egípcios servirão com os assírios.
> Naquele dia Israel será parceiro do Egito e da Assíria;
> Uma benção no centro da terra, a qual Deus abençoou dizendo:
> Bendito meu povo do Egito,
> A Assíria, obra de minhas mãos,
> E Israel, minha herança. (Is 19, 23-25)[131].

A força do espírito em nós se manifesta pelas comoventes palavras do autor quando este confirma a confiança que sente de um dia podermos compartilhar desse auspicioso momento, quando se fará real a Verdade de que:

nosso deus é também o Deus de nossos inimigos, sem que eles O conheçam e apesar de O desafiarem. A inimizade entre estas nações transformar-se-á em amizade.

128. Idem, p. 216-217.
129. Idem, p. 216.
130. Idem, ibidem.
131. Idem, ibidem.

Viverão juntas quando juntas servirem a Deus. As três serão igualmente o povo escolhido de Deus[132].

Retomemos a questão que Heschel afirma com veemência: o homem bíblico tem a consciência da inexorabilidade de Deus. Direciona nossa atenção para a *Torá*, na qual aparecem advertências para o homem não se embrenhar nos mistérios. Esta proibição explícita de não o fazer está na seguinte citação:

> Qualquer que aplique sua mente às quatro coisas seguintes, seria melhor para ele se não tivesse vindo ao mundo: o que está acima? O que está abaixo? O que existiu anteriormente? E o que existirá depois? O que é tão maravilhoso para você, não busque, nem pesquise o que está oculto de você. "Medite sobre aquilo que lhe é permitido. Não se ocupe com mistérios". (*Ecl* 3,21 e s.)[133].

Essa advertência do autor é feita para proteger do risco que corre a pessoa ao se enveredar no ocultismo, no afã de encontrar respostas imediatas para aliviar sua angústia existencial frente ao desconhecido. Heschel alega ser o mesmo que precipitar-se no pecado da idolatria apropriar-se de um conhecimento que está mais a serviço de contemplar o ego do que de direcioná-lo ao que aprecia o divino. Atribui a falsos gurus o mau uso da manipulação de forças sobrenaturais, a sensação de poder despertada pela presunção e orgulho, também referente àquilo que profana, ferindo a sacralidade evocada nos rituais de contemplação, devoção e adoração. Dessa maneira, perde-se o principal objetivo de realizar as *mitzvót*, como já sabemos, pois essas têm por fim desenvolver a capacidade de nos aproximar de Deus e remover a insensibilidade que sofremos diante do mistério de nossa própria existência.

Para Heschel, a essência da religião não está na satisfação da necessidade humana, e é nesse sentido que o autor afirma que o homem tenta explorar as forças da natureza em seu próprio benefício e não recua nem diante da idéia de forçar seres sobrenaturais para a satisfação de seu próprio prazer[134].

Tanto a magia como a adivinhação e a necromancia são proibidas na Lei. A importância dessas experiências está em reconhecer e dar graças a Ele que tornou possível a natureza e a civilização, pois a essência da fé, para Heschel é perceber que tudo que nos aparece como uma necessidade natural é um ato de Deus[135].

Segundo Heschel, a observância judaica descrita nos mandamentos (*mitzvót*) é uma lembrança constante, um intenso apelo, um estar

---

132. *O Último dos Profetas*, p. 217.
133. *Jerushalmi Hagigah*, 77c i; *Gênesis Raba*, 8,2; apud A. J. Heschel, *Deus em Busca do Homem*, p. 87, nota 4.
134. Cf. *O Homem Não Está Só*, p. 239.
135. Cf. *Deus em Busca do Homem*, p. 90.

atento àquilo que se encontra além da natureza, mesmo quando nós estamos empenhados no trato da natureza. "A consciência do mistério, nem sempre expressa, está sempre implicada"[136]. Para tanto, é necessária a reflexão diária sobre cada atitude a ser tomada, como por exemplo: é considerado uma *mitzvá* dar-se *tsedaká*?[137] Sem dúvida, pode-se contribuir com a quantia de cem reais por mês, mas se o fizermos diariamente, oferecendo um real todo o dia, atualizaremos o ato diário de dar. Nesse instante, como reflexo divino, o ser torna-se presente a cada momento.

Assim como a realidade espiritual não é clara no âmbito físico nem na esfera abstrata, o que serve para uma pessoa como medida de avaliação de seu ato é o fluir do sentimento de satisfação gerado a cada gesto no fazer diário, não obstante signifique o ter prazer todo o tempo. As *mitzvót* compreendem tudo o que se faz, pois o pressuposto é de que Deus está todo tempo presente em todos os atos. Perde-se freqüentemente a noção de que a realidade física é uma *mitzvá*, e quando essa se realiza nos reconecta à dimensão espiritual e, para o piedoso, é tudo o que a alma busca ao voltar-se para o recôndito âmago do criador. É uma ação em dois sentidos: num realiza o potencial humano de ser a imagem e semelhança de Deus, aproxima-se de Deus e, noutro, humaniza-se o homem. Na seguinte metáfora de um sábio da *Torá*, podemos entender melhor o significado do voltar-se para Deus: "*Quando uma criança nasce todos riem e ela chora, quando partimos desse mundo todos choram e a alma alegra-se de voltar ao Criador*".

Para acompanhar e aprofundar a reflexão hecheliana, referimos a Leone, que trata o conceito de *mitzvá* amplamente em seu livro *A Imagem Divina e o Pó da Terra*. Ele compreende que a noção da importância da *mitzvá* perpassa toda a tradição judaica e que para Heschel é a seguinte:

O homem realiza seu potencial de ser a imagem divina por meio de suas ações, tornando-se o veículo de manifestação da vontade divina, pela prática das *mitzvót*, ações divinamente comandadas na *Torá*, que segundo a interpretação judaica têm como objetivo santificar o homem, isto é, atualizar nele esta imagem. Há, portanto, segundo Heschel, uma vontade humanizadora transcendente, que quando posta em prática pelo homem torna manifesta através dele a imagem divina[138].

Ainda, segundo Leone, Heschel afirma que o *mensch*, como homem religioso, "é instado a dar um 'salto de ação' ao invés de um 'salto de pensamento'"[139]. Deve superar suas necessidades, fazendo mais do que ele entende para chegar a entender mais do que ele faz.

136. Idem, ibidem.
137. *Tsedaká*: contribuição beneficente.
138. A. G. Leone, *A Imagem Divina e o Pó da Terra*, p.179.
139. Idem, p.184.

Praticando as palavras da *Torá*, ele é conduzido até a presença do sentido espiritual[140].

Desta forma podemos compreender que a importante ação espiritual da *mitzvá* concretiza o colocar-se verdadeiramente conectado ao criador, receber a alegria que daí resulta e evitar imergir na escuridão do mundo velado. São véus que se interpõem entre nós e o criador como uma massa densa, que uma vez desfeita em seu efeito, permite-nos viver o real naquele momento. Estar consciente do inefável é também perceber o que move sua intenção, no gesto que antecipa a ação, e nela então configurar a luz pelo poder da oração.

O Nome Inefável

A essência da fé, segundo Heschel, se estabelece até mesmo no que aparece como uma necessidade natural, ser um ato de Deus. Portanto:

a observância judaica é uma lembrança constante, um intenso apelo, um estar atento àquilo que está além da natureza, mesmo quando nós estamos empenhados no trato da natureza. A consciência do mistério, que nem sempre pode ser expressa, está sempre implicada. Um exemplo clássico dessa consciência é a atitude com respeito ao *Nome Inefável*[141].

Heschel nos explica que o *Nome Inefável* compreende que o verdadeiro nome de Deus é um mistério, e em todas as épocas os judeus evitavam pronunciar e, até mesmo escrever completamente as quatro letras do santo nome de Deus, o Tetragrama. O significado equivalente hebraico para o Nome Inefável, *Schem Hameforesch*, é obscuro.

Segundo o autor, o único lugar em que se encontra por escrito é na *Bíblia*, e não é lido nem nos serviços religiosos, exceto uma vez por ano, no Dia do Perdão. O Nome Inefável era proferido *em santidade e pureza*, pelo Sumo Sacerdote no Templo em Jerusalém. Os mais próximos prostravam-se, e os mais distantes diziam: "Abençoado seja o teu nome... para todo o sempre"[142].

O autor chama nossa atenção para o fato de não haver no decálogo mandamento algum determinando que é para adorar a Deus. Porém há nele explícita a ordem de "honrar teu pai e tua mãe", mas não nos ordena "honra teu Deus, adora-o e oferece-lhe sacrifício"[143]. Sendo esta a única referência à adoração que se apresenta de forma indireta e negativa no seguinte: "Tu não tomarás meu nome em vão"[144]. Heschel depreende desse versículo que "o senso do inefável,

---

140. Idem, ibidem.
141. *Deus em Busca do Homem*, p. 90.
142. Idem, p. 91.
143. Idem, ibidem.
144. Idem, ibidem.

a intensa consciência da grandeza e do mistério da vida é compartilhada pelo homem, é na intensidade de tal consciência que ações e pensamentos da religião são plenos de significado"[145].

Para o autor, toda compreensão que podemos ter do sagrado é distorcida, se empregada de forma trivial. A profundidade das idéias concernentes à religião deve, segundo Heschel, ser compreendida como *uma resposta*, quando o mistério *é um problema*[146]. Aponta para a riqueza de referências ao inefável na concepção da literatura hebraica, pois a linguagem da *Bíblia* é particularmente rica em palavras que expressam o conceito de *ocultar* ou *estar oculto*. Heschel comenta que essa abundância é admiravelmente impressionante quando comparada com a linguagem grega, pois os tradutores da *Bíblia* só conseguiram encontrar a palavra *Krypto* (em adição a *kalypto),* com a qual traduziram os numerosos sinônimos hebraicos[147], que dão sentido restrito à questão do mistério.

Para Heschel, o mistério não é Deus. Ele analisa a situação da condição humana e compreende o paradoxo pelo qual no limite da consciência do extremo ocultamento de Deus, o homem é chamado à vida responsável para ser co-participante na redenção do mundo. Ele tem revelado o propósito, a orientação, assim como Sua vontade e mandamento: "Deus é um mistério, mas o mistério não é Deus" (1Sam 2,3). Ele é um revelador de mistérios (Dn 2,47)"[148]. É nesse conhecimento que para o autor encontra-se "a certeza de que há um significado por trás do mistério e esta é a razão para supremo regozijo"[149].

Perguntamo-nos quais os mistérios que foram revelados no grande momento quando a voz de Deus se fez ouvir no Sinai. Para o autor, certamente Israel não aprendeu coisa alguma no Sinai a respeito dos enigmas do universo, tampouco a respeito da condição das almas que partiram e muito menos acerca de demônios, anjos e céu. Porém, na voz que ouvem sobre "os enigmas do universo não encontraram resposta, mas sim, aquilo que ouvem diz: 'Lembrai-vos do sétimo dia para santificá-lo [...] Honra teu pai e tua mãe'"[150]. Heschel evidencia como Deus se coloca em relação à petição do profeta Moisés, sem jamais atribuir a Si mesmo qualidades de onisciência, perfeição e beleza infinitas, mas dizendo: "Eu sou pleno de amor e compaixão"[151]. O que significa isso, senão que o Ser Supremo é sensível ao sofrimento dos homens?[152] Reivindica a consciência do homem

---

145. Idem, p. 92.
146. Idem, ibidem.
147. Idem, p. 94.
148. Idem, p. 95.
149. Idem, ibidem.
150. Idem, p. 96.
151. Idem, ibidem.
152. Idem, ibidem.

à sua participação ativa no vínculo que com Ele estabelece. Portanto, para Heschel, para além do mistério está a compaixão.

Três Atitudes: Fatalista, Positivista e Religiosa

Após a explanação a respeito do mistério, Heschel descreve três atitudes comuns com que o homem responde ao divino. A fatalista é quando o mistério é considerado uma suprema força, controlando toda a realidade. Nessa atitude o mundo é percebido como sendo controlado por um ser irracional, absolutamente inescrutável e de poder incontrolável, que se encontra destituído de justiça ou de propósito. Há uma trágica condenação que paira sobre o mundo, à qual deuses e homens, do mesmo modo, estão sujeitos. Como resultado, a única alternativa para tal percepção é uma atitude de resignação a essa contingência.

Já para o positivista o mistério não existe; ele é encarado como simplesmente aquilo que nós ainda não conhecemos, mas estaremos aptos para algum dia explicar. A lógica positivista sustenta que todas as asserções sobre a natureza da realidade ou acerca de um campo de valores transcendendo o mundo familiar são sem significado e que, por outro lado, todas as questões significativas são, em princípio, refutáveis.

A atitude religiosa baseia-se tanto na consciência a respeito do mistério, que era comum aos homens da antiguidade, quanto na justiça de Deus para reger o mundo. E, quando o homem compreendeu que o mistério não é o fundamental, nem que se traduz em força demoníaca ou irracional, um novo tempo teve início. Heschel exemplifica este ponto com uma passagem de *Antígona*, de Sófocles (151 e 133s.), que diz: "Terrível é a misteriosa força do destino"[153], o que significa dizer que como mortais estamos predestinados à calamidade, o que contrasta com a atitude de Abraão, que permanece perante Deus, rogando pela salvação de Sodoma.

Nessa perspectiva há uma importante diferença de relação entre o homem e os deuses: na tragédia grega são submetidos à força do destino como num monólogo (ou solilóquio) e na religião judaica, a ênfase está na relação, onde a história é determinada pelo pacto. Deus tem necessidade do homem, nas palavras de Heschel: "O fundamental não é uma lei, mas um juiz, não uma força, mas um pai"[154]. Heschel compreende que Deus não está eternamente silencioso, pois a relação com Deus é uma constante, assim como a sua procura. Segundo o autor, o judeu não abre mão do diálogo e confia que toda sabedoria vem e está Nele e em Seus desígnios para a existência.

---

153. Sófocles apud A. J. Heschel, *Deus em Busca do Homem*, p. 97.
154. A. J. Heschel, *Deus em Busca do Homem*, p. 98.

TEMOR

Na compreensão de Heschel o significado de mistério é aquilo que está *encoberto e oculto*, isso equivale a ser *conhecido e aberto* para Deus. Então: *"Não é um sinônimo de desconhecido,* mas, antes, um nome para um *significado que permanece em relação a Deus"*[155].

O temor é o princípio da sabedoria. Nessa medida tanto um significado quanto uma sabedoria fundamentais são encontrados em Deus e em nossa relação com Ele, e não dentro do mundo. Heschel explica que esse relacionamento se dá no temor como um caminho de compreensão, um ato de *insight* de um significado que está acima de nós próprios, como uma via régia para a sabedoria. Nesse sentido o temor abrange amplo significado, pois é um modo de se estar em harmonia com o mistério de toda a realidade, além de aludir ao segredo de cada ser no cuidado e no interesse divino que nele está investido e, ao mesmo tempo, é como algo de sagrado que se encontra em ação em todo evento. Para o autor, "o temor é uma intuição da dignidade de todas as coisas e sua preciosidade para Deus; uma concepção de que as coisas não são apenas o que são, mas também representam, embora remotamente, algo absoluto"[156]. Temor compreende também um senso de transcendência, que está acima de todas as coisas. Expressa-se como um *insight* transmitido mais por atitudes do que por palavras. Ainda mais:

> O significado do temor é conceber que a vida toma lugar sob vastos horizontes que vão além do período de uma vida individual ou até mesmo da vida de uma nação, geração ou época. O temor nos capacita a perceber no mundo insinuações do divino, sentir em pequenas coisas o princípio da significância infinita, sentir o essencial no comum e no simples; sentir na torrente do que passa a tranqüilidade do eterno[157].

Resulta, por conseguinte, daquilo que não podemos compreender pela análise e de que tomamos consciência pelo temor.

Segundo o autor, o conhecimento é sustentado pela curiosidade; e a sabedoria é sustentada pelo temor. A verdadeira sabedoria é a participação na sabedoria de Deus. Há algumas pessoas que podem encarar sabedoria como um grau invulgar de bom senso[158]. Mas, para nós, Heschel compreende a sabedoria como a habilidade em observar todas as coisas do ponto de vista de Deus, com simpatia pelo *pathos* divino e pela identificação da nossa aspiração com a vontade de Deus.

Heschel afirma que temor é diferente de medo, explica o medo por antecipação e probabilidade do mal ou da dor, contrastando com a felicidade, que é a expectativa do bem. "Temor, por outro lado, é o

---

155. Idem, p. 102.
156. Idem, p. 103.
157. Idem, p. 103-104.
158. Idem, p. 104.

sentimento do maravilhoso e da humildade inspirados pelo sublime ou sentido na presença do mistério. Medo é 'o abandono aos socorros que a razão oferece' (Sab. 17,12)"[159], pois quem confia em Deus sente-se abrigado sob suas asas, e percebe pelo temor o alcance dos *insights* que o mundo reserva para nós. "Temor, distinto do medo, não nos faz recuar ante o objeto que inspira temor, mas, ao contrário, nos atrai para perto de si. Isto acontece porque temor é compatível com amor e gozo"(Dt 10,12)[160].

Neste sentido, o temor é a antítese do medo. Sentir que "o Senhor é minha luz e minha salvação" é sentir "quem temerei?" (Sl 27,1)[161]. "Deus é meu refúgio e fortaleza. Nas tribulações socorro sempre pronto. Por isso não temerei, ainda que a terra estremeça e os montes se transportem para o meio do mar (Sl 46,2-3)"[162].

Para Heschel, o temor é sinônimo de religião, pois precede a fé[163]. E é esta a prerrogativa básica ao se diferenciar o temor do medo, porque aquele é um estado que possibilita a consciência plena da Presença, que nos coloca numa posição de reverência diante de Deus:

> O temor precede a fé; está na origem da fé. Devemos crescer em temor a fim de buscar a fé. Entendemos que só podemos crescer em temor à medida que tomamos consciência da onipresença de Deus. Devemos ser orientados pelo temor para ser merecedores da fé. Temor, mais do que fé, é a atitude fundamental do judeu religioso[164].

A fé, segundo o autor, é menos fundamental que o temor, no que tange a sua abrangência de sentidos. O significado do judaísmo, como já vimos, abarca a totalidade da vida do sujeito e não somente a interface do aspecto religioso. Não se configura tanto como uma religião, mas como um conjunto de elementos que compreendem a vida e suas implicações na regência dos mandamentos para a sua existência. Heschel cita o versículo bíblico: É "o princípio e a passagem da fé, o preceito primeiro de tudo, e sobre ela o mundo todo esta estabelecido"[165]. E explica que no judaísmo, *Yrát Haschem*, o temor a Deus, ou *Yrát Schamaim*, o temor ao céu, é quase equivalente à palavra religião. Na linguagem bíblica o homem religioso não é chamado de crente, como o é, por exemplo, no Islã *um'min*, mas *yarê haschem*, isto é, temente a Deus[166].

Nessa perspectiva do autor, o retorno à reverência encontra no temor o caminho para sabedoria. Na intenção de possibilitar o regresso à

---

159. Idem, p. 107.
160. Idem, ibidem.
161. Idem, ibidem.
162. Idem, ibidem.
163. Idem, p.106.
164. Idem, p.107.
165. Idem, ibidem.
166. Idem, ibidem.

religião e resgatar os valores perdidos, o temente é o exemplo do que imprime atributos ao homem e o qualificam no sentido ético em sua atitude perante o outro e diante de Deus. Nossas crenças múltiplas nos levaram a menosprezar, por vezes, importantes aspectos humanitários. Heschel tenta provar e validar a idéia de que nossa presunção afeta a capacidade de reverência o que, como conseqüência, transformou o mundo num lugar sem valor algum, desagregado e caótico. Heschel assinala que:

> A perda de temor é o grande impedimento para o *insight*. Um retorno à reverência é o primeiro pré-requisito para um reavivamento de sabedoria, para a descoberta do mundo como uma alusão a Deus. Sabedoria provém mais propriamente do temor do que da perspicácia. É evocada não em momentos de cálculos, mas em momentos em que o ser está em confronto com o mistério da realidade. Os maiores *insights* nos acontecem em momentos de temor. Um momento de temor é um momento de autoconsagração. Aqueles que sentem o maravilhoso compartilham do maravilhoso. Aqueles que conservam santas as coisas que são santas, eles próprios tornar-se-ão santos[167].

GLÓRIA

Heschel equipara a Glória ao inefável e narra, pela palavra de Isaías, o que em sua grande visão distingue a voz do serafim antes mesmo de ouvir a voz do Senhor, quando o serafim revela a Isaías o seguinte: "Santo, Santo, Santo é o Senhor dos Exércitos; *toda a terra está cheia da sua glória* (6,3)"[168]. O autor distingue essa passagem não como se fosse proclamada uma promessa messiânica, mas sim considerada como um fato, e compreende que a partir disso o homem não pode senti-lo; entretanto, o serafim o anunciou. Essa anunciação corresponde à primeira expressão que Isaías distinguiu como um profeta.

A fim de nos esclarecer a experiência do homem quando o encontro com a manifestação da Presença se dá, o autor baseando-se no *Pentateuco*, refere-se ao fato de que a glória de Deus impregna o mundo e está expressa em nome de Deus. Heschel cita, como exemplo, o seguinte versículo: "E disse o Senhor [...] tão certamente como eu vivo, *que a glória do Senhor encherá toda a terra* (Nm 14,21)"[169].

Heschel se questiona se a presença da glória no mundo é somente para Deus e para o serafim e responde, de acordo com o salmista: "Os céus declaram a glória de Deus (19,1)"[170]. O autor indaga-nos de que modo a declaram e a revelam, e responde-nos: "Um dia fez declaração a outro dia, e uma noite mostra sabedoria a outra noite"[171].

167. Idem, p. 108.
168. Idem, p. 109.
169. Idem, ibidem.
170. Idem, ibidem.
171. Idem, ibidem.

Então Heschel conclui que não há palavras nem linguagem em declaração ou sabedoria que sejam capazes de expressar a glória: "Não há declaração, não há palavras, nem sua voz é ouvida"[172] e complementa: "Em toda a extensão da terra, e as suas palavras até o fim do mundo (Sl 19,4-5)"[173]. Desse modo, o autor pode ultimar a idéia de que a glória está encoberta, apesar dos momentos em que particularmente é revelada aos profetas. Então a glória é o inefável como "a canção dos céus é inefável"[174].

Heschel nos demonstra que apesar da curta permanência do povo no deserto aconteceu mais de uma vez o evento da manifestação da glória, e cita: "A glória do Senhor apareceu a todo o povo (Lv 9,23 Nm 16,19,17,7;20,6)"[175], justificando que o livro do Deuteronômio admitiria: "O Senhor nosso Deus mostrou-nos a sua glória (Dt. 5,24)"[176]. Seguindo na apreciação sobre o tema, Heschel diz que a glória não é um ser, e busca compreender a sua natureza e significado, e como é freqüentemente chamada, nos últimos tempos, de *Schekhiná*.

Então explica que a glória, embora fosse muitas vezes revelada numa nuvem, comparada ao fogo devorador (Ex 24,17), foi caracterizada algumas vezes de maneira incorreta como uma manifestação puramente externa, sendo inteiramente despojada de seu conteúdo secreto, compreendida mais como uma exibição de poder ao invés da presença do espírito. Para Heschel essa concepção é errônea, pois um fenômeno sublime como a tormenta, o fogo, a nuvem ou a luz proporcionam um ambiente para a glória que por si mesma não é nenhuma deles[177].

Heschel então afirma, a partir dessa compreensão, que glória não é o mesmo que a essência ou a existência de Deus. A oração do salmista: "A glória do Senhor seja para sempre (104,31)"[178], não pode ser interpretada como: "Possa a existência de Deus continuar para sempre"[179]; pois isso, segundo o autor, configuraria uma séria blasfêmia.

A partir dessas análises Heschel conclui que a glória é a presença de Deus, portanto sua natureza não deve ser compreendida como um fenômeno físico, pois se iguala à bondade de Deus. Acompanhando a reflexão do autor, a glória é a presença, não a essência de Deus; apresenta-se mais como um ato do que como uma qualidade; como um processo, não uma substância. Assim, o autor diz que embora a glória se manifeste em si própria como um poder que subjuga o mundo, o que nos pede reverência é um poder que sobrevém para orientar-nos e fazer-nos lembrar. Além

---

172. Idem, p. 110.
173. Idem, ibidem.
174. Idem, p. 109-110.
175. Idem, p. 110.
176. Idem, ibidem.
177. Idem, p. 110-111.
178. Idem, p. 111.
179. Idem, ibidem.

de tudo, a glória reflete abundância de bondade e verdade, o poder que age na natureza e na História. Enfim, compreender que "Toda a terra está cheia de sua glória"[180], segundo o autor, "não significa que a glória enche a terra do mesmo modo que o éter enche o espaço ou a água enche o oceano. O que vem a ser é que toda a terra está cheia de sua presença"[181].

Entretanto, a glória não deve ser compreendida como uma categoria estética nem física, mas sim como um sentimento de grandeza, mas que está além do que grandeza significa. Para o autor: "É, como dissemos, uma presença vivificante ou o *esplendor de uma presença vivificante*"[182].

Para simplificar o que entende Heschel por presença vivificante, ele nos dá o exemplo de uma pessoa que tem presença, mas que não se sobressai por meio de suas ações ou palavras. Há também situações em que outras pessoas podem estar num ambiente todo o tempo e ninguém ter consciência da presença delas. O autor compreende que de uma pessoa cuja exterioridade comunica algo de sua força interior ou grandeza e cuja alma é radiante e se transmite sem palavras, nós dizemos que ela tem presença[183]. Assim como "A terra esta cheia de sua glória", apresenta-se a exterioridade do mundo comunicando-nos algo da grandeza interior de Deus, que é radiante e transmite a si próprio sem palavras.

Heschel diz que a glória não é algo que podemos definir ou dar sinônimos:

> A glória é presença, esta que não vemos, ouvimos ou entendemos: obceca o coração deste povo, endurece-lhe os ouvidos e fecha-lhe os olhos; de sorte que com os olhos não veja, nem ouça com os ouvidos, nem entenda com o seu coração e, convertendo-se (*teschuvá*), voltou e curou-se, seja curado (*Vescháv, Verafá*) (Is 6,9-10)[184].

Nas palavras de Isaias, o profeta é o espírito que testifica todas as coisas referentes a Deus. Só a partir de todo o sentimento sua fé cresce e, conseqüentemente, ele é curado do vazio de uma existência vã. Tudo isso para que o homem caia em si e reconheça a glória do Senhor como cura de sua alma cindida. Então: "Não temos palavras para descrever a glória; não temos sequer meios adequados para conhecê-la. Mesmo porque o que é decisivo não é o nosso conhecimento dela, mas nossa consciência de *ser conhecido* dela"[185].

Heschel descreve o estado, que está além de nossa capacidade de compreensão, quando sentimos e percebemos a maravilha de estarmos envolvidos numa aura espiritual e nos percebemos na dimensão da sutil realidade espiritual. O homem religioso é diferente porque

180. Idem, p. 112.
181. Idem, ibidem.
182. Idem, p. 112-113.
183. Idem, p. 112.
184. Idem, p. 113.
185. Idem, p. 114.

tem sua face voltada para Deus, "como se a glória das coisas constituísse em seu ser um objeto do pensamento divino"[186].

Nossa percepção da realidade espiritual é facilmente ofuscada, como já vimos, pelos prazeres físicos, e isso se dá de modo pleno quando, "Uma pessoa pode ver muitas coisas sem observá-las, seus ouvidos estão abertos, mas ela não ouve (Is 42,20)"[187]. "E veio a mim a palavra do Senhor, dizendo: "Filho do homem, tu habitas no meio da casa rebelde, que tem olhos para ver e não vê, e tem ouvidos para ouvir e não ouve (Ez 12,1; ver Jr 5,21)"[188]. A questão é profunda e complexa, sabemos, mas não compreendemos como reitera Heschel, não discriminamos entre o bem e o mal, e o mais grave é nossa "dupla escuridão: somos cegos e não somos conscientes de nossa cegueira"[189].

A dureza do coração é o resultado, ou seja, representa a sede do conhecimento que fica acobertada por, grosso modo, uma capa de gordura que é coberta pelos conhecimentos do mundo, e leva à soberba como exclamada pelo salmista (119,70). Isso que podemos acompanhar nos versos seguintes citados por Heschel, para quem os profetas julgam que a falta de sensibilidade do povo de Israel se deve à dureza do coração. Esse o motivo de sua amargura e reprovação:

> Nem tu as ouviste, nem tu as conheceste,
> Tampouco desde então foi aberto o teu ouvido
> Porque eu sabia que obrarias muito
> perfidamente,
> E que eras prevaricador desde o ventre[190](Is 48,8).
>
> Nossos pais não atentaram para
> As tuas maravilhas no Egito;
> Não se lembraram da multidão das tuas
> Misericórdias.
> Antes foram rebeldes junto ao mar, sim,
> O mar Vermelho (Sl 106,7)[191].

Subentende-se que raros são os momentos em que temos a percepção da glória em nossas vidas, instantes de experiência preciosa e de enlevação magnífica. A glória também é a presença de Deus na natureza.

---

186. Idem, p. 115. O autor remete-nos, em nota de rodapé, ao seu livro *O Homem Não Está Só*.
187. Idem, p. 116.
188. Idem, ibidem.
189. Rabi Phinehas Horowitz apud A. J. Heschel, *Deus em Busca do Homem*.
190. *Deus em Busca do Homem*, p. 117.
191. Idem, ibidem.

A ADORAÇÃO DA NATUREZA

Heschel nos conduz passo a passo para o entendimento a respeito de nossa relação com o mundo e como experimentamos uma sensação de temor e necessidade de adorar. Reconhecendo essa necessidade questionamos qual objeto é merecedor de nossa adoração. Com isso nos comovemos com o mistério da natureza, que é dotada de poder e de beleza, como os gregos que atribuíam santidade às forças elementares da natureza, sendo adeptos de uma religião imanentista, apesar da prescrição em *Deuteronômio* (4,19): "Não suceda que, levantando teus olhos aos céus, e vendo o sol, a lua, e todo o exército dos céus, caindo no erro adores e prestes culto a eles"[192].

Segundo o autor, o encanto da natureza é tal que pode se constituir numa ameaça para nossa compreensão espiritual; há um risco mortal de ser encantado por seu poder. Essa advertência tem fundamento na *Bíblia* e o homem religioso sabe que a natureza não o pode salvar, pois é surda aos nossos gritos e indiferente aos nossos valores. Suas leis, para o profeta, não conhecem compaixão nem clemência. Elas são inexoráveis, implacáveis, desumanas. Assim, Heschel mais uma vez demonstra, em suas explicações, o quanto para o judaísmo consiste a adoração à natureza num absurdo, assim como se faz desnecessário estarmos alienados dela[193].

Heschel alude à qualidade do profeta de dessacralizar e repudiar a natureza como objeto de adoração, ensinando-nos:

nem a beleza nem a grandiosidade da natureza, nem o poder nem o estado, nem o dinheiro nem coisa do espaço têm valor de nossa suprema adoração, amor, sacrifício ou autodedicação. Mesmo a dessacralização da natureza não trouxe, de modo algum, uma alienação da natureza. Reuniu homens, juntamente com todas as coisas, numa comunhão de louvor. O homem bíblico podia dizer que tinha "aliança com as pedras do campo" (Jó 5,23)[194].

Portanto, o autor conclui dizendo que a *Bíblia* afirma que por todas essas razões a natureza não é tudo e nos intima a lembrar que o dado não é fundamental para não nos deixar apartados de Deus, e, nesse sentido, ofuscados pela grandiosidade de Sua criação, o mundo.

Diferentemente, para o pensamento grego o universo é a essência e substância de tudo o que existe. Heschel cita o *Timeu* de Platão: "O universo é um ser vivente visível [...] um deus perceptível [...] o maior, melhor, mais formoso, mais perfeito"[195]. Na concepção grega, a contingência da natureza é ponderada como excepcional, dada a ordem em que vigora. Por isso ela é vista de modo distinto pelo homem bíblico,

192. Idem, p. 119.
193. Idem, p. 121.
194. Idem, p. 121-122.
195. Platão apud idem, p.122-124.

que encara cada ocorrência da natureza como um ato da providência divina, na qual sua preocupação está mais em conhecer a vontade de Deus, que a governa, e menos em ponderar sobre a excelência de sua própria ordem. A concepção grega é a de que nela existe uma norma imanente, uma ordem que encontra origem nela própria[196].

Podemos considerar que o mundo é o lugar de primazia para a realização humana que é capacitada, segundo o autor, a unir os cinco sentimentos aqui trabalhados na realização dos três caminhos por ele sugeridos à sociedade contemporânea, a fim de resgatar a consciência do inefável.

O que, atualmente, mostra-se de importância vital para a sobrevivência espiritual e cósmica da humanidade.

No próximo capítulo o tema a ser tratado descreve a fenomenologia do comportamento do homem piedoso, suas características e valores concretizados no cotidiano, como sendo uma alternativa possível que viabiliza o acesso a esse conhecimento milenar, assim como os recursos de que este dispõe para ação diligente no mundo atual, numa interferência que se faz premente avaliar. Para Heschel, "se fiel [sic] à presença do altíssimo no comum, poderemos ser capazes de esclarecer que o homem é mais do que o homem, que, realizando o finito, ele será capaz de perceber o infinito"[197].

---

196. Cf. L. F. Pondé, Religião: Teoria e Experiência, *Agnes*, p. 12-13. Pondé considera que: "Deveriam lembrar com mais freqüência que uma categoria ontológica fundamental para os helenos, isto é, a natureza ou *physis*, não existe como palavra no pensamento bíblico (portanto, a rigor, não tem qualquer sentido descrever Deus como uma entidade metafísica: em termos de categorias de hebreus, de qual *physis* o Eterno estaria além? Para o autor, o termo *derech*, entendido como caminho, hábito, modo de ser, é o utilizado para narrar a forma tal como se comporta repetidamente uma determinada entidade, conceito de forma que nos permitiria assumir noeticamente a existência de um padrão de repetição na atitude observada, pelo simples fato de que esse padrão de repetição é a forma empiricamente percebida. O *derech* de uma mulher ou de um homem é sua natureza, ou seja, os aspectos que se repetem e que se definem diferencialmente um do outro".

197. *O Último dos Profetas*, p. 202.

4. Em Busca do Significado da Presença de Deus

elementos para a construção da consciência religiosa

> *Deus me persegue nos bondes e nos cafés.*
> *Oy, é somente com a parte de trás dos olhos que posso enxergar*
> *Como os mistérios nascem, como as visões aparecem*[1].

A filosofia do judaísmo de Heschel implica uma religiosidade centrada na antropologia sagrada, significando uma importante contribuição da obra hescheliana para o pensamento religioso contemporâneo. Essa perspectiva, como vimos, encara a pessoa, *sobretudo como um vivente, um devir em fluxo,* e não apenas um ser no mundo, como pensam muitas filosofias modernas. Nela se entende o ser humano como um vivente diante do transcendente e, nesse aspecto, "o ser humano pode ser considerado para si mesmo um ser *sui generis,* de uma ordem de existência incomparável"[2].

Nessa ótica, abordamos as questões vivenciais que compreendem as características da consciência religiosa, apresentadas no capítulo III, que se abrem à percepção do *insight* espiritual e do autoconhecimento. Desse modo, permitem integrar a consciência com a responsabilidade ética, para contribuir no resgate da dignidade humana junto à realidade divina e, por fim, possibilitar um novo enfoque da filosofia da religião.

A partir da descrição fenomenológica da vivência, que promove a construção da consciência religiosa, iremos retomar, neste capítulo IV, as questões implícitas no significado da Presença de Deus, que se apresentam na compreensão da dimensão do inefável e do significado transcendente na religião, colocando o *insight* humano como resposta existencial diante do mistério do inefável.

1. A. G. Leone, *A Imagem Divina e o Pó da Terra,* p. 69-70.
2. Idem, p. 216-217.

A dimensão sagrada de toda existência, para Heschel, compreende a fé em sua origem, como um fato perene no universo, algo que é anterior e independente do conhecimento e da experiência humana. O autor concebe o lado objetivo da religião como a constituição espiritual do universo, dos valores divinos dos quais cada ser está investido, exposto ao espírito e à vontade do homem, a partir do qual se estabelece uma relação ontológica[3].

Segundo Leone, para Heschel o valor encontra-se principalmente nos tipos de questões formuladas em termos pessoais, pois "descobre que ele é uma pessoa, isto é, uma singularidade viva abrindo-se para além de si"[4]. Ainda segundo Leone:

> Em seus escritos maduros, o *mensch* hescheliano passa a ser denominado homem piedoso, numa clara alusão ao pietismo *hassid*, ressaltando a piedade e a compaixão como as características básicas a serem cultivadas ao lado da sensibilidade pela justiça. O *mensch,* o *neo-hassid* para um mundo pós-tradicional, é aquele que faz a tradução dos conceitos do hassidismo para a linguagem contemporânea. Conforme afirma Waskow, o neo-hassidismo hescheliano implica que 'a teologia de um Deus sofredor (pleno de *pathos*) em busca de uma humanidade *menschlikh* não pode ser divorciada da convocação à ação'. Tal judaísmo afirma a possibilidade da experiência de Deus por meio da oração, à entrega a Deus, e da *mitzvá,* as obras humanizadoras no mundo, sem necessariamente ter de recorrer à teologia especulativa. De acordo com Heschel, o judaísmo depois do Holocausto deveria colocar definitivamente no centro de sua teologia a antropologia religiosa[5].

Heschel descreve o homem piedoso, em todas as suas atividades e no modo como se relaciona com a vida, como alguém que possui uma percepção visível da sacralidade, que é encontrada (impressa) no mundo. Nesse sentido, é um exemplo vivo de um caráter apropriado para nos mobilizar tanto pela riqueza de seus atributos quanto pela qualidade e profundidade com a qual se expressa, nos demonstrando as possibilidades de almejar o divino realizado no mundo.

A vida é um evento para o homem piedoso e não um processo. Nesse caminho, a busca da fé compreende, num dos seus aspectos, a qualidade considerada como *evento* e, de certo modo, a vida em todas as suas dimensões de existência passa a ser considerada como tal. O homem piedoso é o exemplo mais próximo desse ideal, pois está de acordo com a mensagem do profeta e, ao mesmo tempo, contribui para o *processo* de retorno (*teschuvá*) à religião e no enfrentamento das dificuldades que se apresentam à pessoa nesse percurso. Heschel formula a seguinte questão: "Quais são as perspectivas e as possibilidades dessa consciência religiosa?" Esses são assuntos que iremos discutir a seguir. E, como nos diz Heschel, em *Deus em Busca do Homem*:

---

3. Cf. *O Homem Não Está Só,* p. 243.
4. *A Imagem Divina e o Pó da Terra,* p. 217.
5. Idem, p. 216.

Há uma solidão em nós que ouve. Quando a alma deixa a companhia do ego e de seu séquito de conceitos triviais; quando cessamos de aproveitar-nos de todas as coisas exceto de orar pelo clamor do mundo, pelo soluço do mundo, nossa solidão pode ouvir a graça que existe além de todo poder. Devemos antes perscrutar nas trevas, sentirmo-nos sufocados e sepultados no desespero de uma vida sem Deus, antes de estarmos prontos para sentir a presença de sua luz vivificante[6].

UM PROBLEMA QUE NOS DIZ RESPEITO

Segundo Heschel, a experiência vivida exclusivamente na dimensão do homem natural não responde à exigência de "amar ao próximo como a ti mesmo", se não houver a disponibilidade de transcender o ego que, de modo geral, está mais voltado para nutrir anseios pessoais.

Desse modo, deve-se reconhecer o considerável esforço a ser empenhado pela pessoa em direção ao outro, consentindo em sacrificar os próprios desejos. Essa mudança de atitude se dá unicamente se houver para tal alguma razão bastante convincente. Para o autor, uma das premissas importantes nesse processo é admitir-se tanto o exercício espiritual conforme os ditames da *Torá*, como a adoção dos mandamentos divinos, no modo de conduzir a vida. O homem só se humaniza quando nesse processo a superação de si mesmo possibilita o desenvolvimento espiritual. Esse desenvolvimento promove o acesso ao amor e à compaixão. Conforme Leone:

> É vivendo por meio de suas ações que o homem adquire o conhecimento do sentido de sua existência. As noções heschelianas não oferecem uma definição prévia do homem. Pelo contrário, é respondendo às demandas de sua vida que o homem dá sentido à sua existência[7].

Heschel questiona tanto a realização dos ideais que nos esforçamos em obter, quanto o valor que lutamos por imprimir em nossa vida. Compreende que esse processo depende da disponibilidade total da pessoa em se abrir ao domínio espiritual, numa reflexão profunda sobre a virtude do espírito, em busca da eficácia dos mais altos valores espirituais que concernem à subjetividade humana.

Para o autor, além das nossas características físicas, somos também vítimas de um sentimento comum de terrível isolamento no confronto com a realidade. Heschel nos coloca diante da seguinte questão: "A respeito de uma pergunta que dia após dia permanece desesperadamente em nossa mente. Estaremos nós sozinhos no deserto do ego, sozinhos no universo silencioso, do qual somos uma parte, e no qual nos sentimos tal qual um estranho[8]?"

---

6. *Deus em Busca do Homem*, p. 183.
7. *A Imagem Divina e o Pó da Terra*, p. 218.
8. *Deus em Busca do Homem*, p. 133.

Segundo o autor, essa situação particular da angústia gerada pelo sentimento de isolamento íntimo é considerada a matéria-prima do desenvolvimento da alma. A agonia e o desespero nos preparam e mobilizam para procurar uma voz de Deus no mundo. Heschel é contundente ao afirmar: "a menos que Deus tenha uma voz, que a vida do espírito seja uma fantasia; que o mundo sem Deus seja um torso; e que uma alma sem fé seja um membro amputado"[9]. Essa descrição dramática e fragmentada da condição humana é produto do sofrimento, no auge da solidão existencial. Solidão necessária para o encontro com a Verdade que dela procede, portanto, momento de inestimável valor, quando fomenta a busca de sentido na vida: se Deus nos toca por graça, Ele a nós se revela.

Heschel não corrobora com a concepção do sofrimento como única via possível de ascese ou de redenção. Mas, ao contrário, o autor constata o resultado da experiência humana deslocada do seu aspecto divino. Para o homem piedoso, que participa sua vida com Deus, até os momentos de maior sofrimento encontram sentido, pois, para ele, significam aprendizagem em tudo que lhe é dado viver.

Heschel, a partir de uma reflexão que considera o pensamento situacional, desenvolvido no capítulo II deste trabalho, compreende que há uma diferença essencial entre o problema a respeito de Deus na especulação e o problema a respeito de Deus na religião. Para o primeiro, é um problema *acerca* de Deus e, para o segundo, é *proveniente* de Deus. A especulação filosófica busca a solução do seguinte problema: há um Deus? Se houver, qual é a sua natureza? O segundo, no entanto, refere-se a nossa resposta pessoal ao problema que diz respeito aos eventos do mundo e à nossa própria existência.

O autor procura adequar a questão ao âmbito existencial e compreende que o problema fundamental não nos dá nenhum descanso. É imperativo em nossas vidas e cada um de nós é chamado a responder.

Heschel afirma que o pensamento não é um fenômeno isolado, ele atinge toda uma vida e é, por sua vez, atingido por tudo o que alguém sabe, sente, avalia, fala e faz. "O ato de pensar acerca de Deus é atingido pelo temor e arrogância de uma pessoa, humildade e egoísmo, pela sensibilidade e insensibilidade"[10]. Finalmente, o ato de pensar não é só pensamento, é também sentimento, avaliação, comunicação, saber e ação. Afinal, segundo o próprio autor, não pensamos em um vácuo. Ele compreende que pensar significa, antes de tudo, refletir sobre o que está surgindo na mente. O que se apresenta num pensamento religioso não é uma hipótese, mas o sublime, o maravilhoso, o mistério, o desafio:

> Não há nenhuma ansiedade por Deus na *ausência de temor* e é apenas em momentos de temor que Deus é sentido como uma finalidade. Em momentos de

---

9. Idem, ibidem.
10. Idem, p.146.

indiferença e auto-asserção, ele pode ser um *conceito*, mas não uma *ansiedade*, já que é apenas uma ansiedade que inicia o pensamento religioso[11].

Heschel nos pergunta quais são as raízes de nossa certeza na realidade de Deus, já que Ele está além de todas as coisas e de todos os conceitos. Responde-nos que quando pronunciamos o nome de Deus, imediatamente deixamos o nível científico da realidade e adentramos no domínio do inefável que transcende o manifesto. Porém, há aspectos dessa realidade manifesta que são congruentes com as categorias científicas, mas aqueles que são decorrentes da realidade espiritual não são acessíveis a essa lógica e demandam uma outra formulação conceitual para sua compreensão.

Além das Definições

O autor se refere à descrição do inefável, num comentário de Platão, em *Epístolas*, VII, 341. Segundo ele, as profundas doutrinas são equivalentes àquelas que: "não admitem expressão verbal como em outros estudos. [...] Tal compreensão é gerada na alma repentinamente como uma luz que é acesa por uma centelha, e depois a nutre"[12]. Essa qualidade sutil da experiência mística é desse modo descrita nas grandes tradições religiosas, nas quais esse tipo de metáfora serve como elucidação.

Heschel dá como exemplo o limite da linguagem, na qual é impossível definir *bondade* ou *fato*, não porque estas idéias sejam algo irracional ou insignificante, mas porque suplantam os limites, indo além das definições. Qualquer definição nesse âmbito, para o autor, é considerada mais como super-racional do que sub-racional. "Não podemos definir 'o santo' ou expressar em palavras o que queremos dizer com 'abençoado seja ele'"[13], afirmando que estão além do limite das palavras, assim como entende que: "A melhor parte da beleza é aquela que um quadro não pode expressar"[14].

Heschel se preocupa em diferenciar a dimensão inefável da realidade a fim de tentar contextualizar o campo da dimensão religiosa de investigação, para esboçar os limites de compreensão do amplo significado da experiência religiosa. Para nos conduzir à compreensão mais profunda do fenômeno, ele pergunta como podemos falar sobre categorias de pensamento religioso, quando as manifestações básicas da religião tais como: Deus, revelação, oração, santidade, mandamentos, se apresentam, há muito, diluídas em categorias triviais, e se tornam quase sem significação em nosso tempo.

11. Idem, ibidem.
12. Platão apud A. J. Heschel, *Deus em Busca do Homem*, p. 135.
13. Idem, ibidem.
14. Idem, p. 135-136.

Portanto, o autor afere que devemos partir da premissa básica e, ao abordar essa questão, tanto aceitar *a priori* a idéia do inefável quanto adotar o inconcebível em cada ato e julgamento tratados no campo do religioso. Esclarece-nos, desse modo, que essas categorias são únicas e representam um modo de pensar num nível distinto e mais profundo do que o nível dos conceitos, das manifestações e dos símbolos, pois esse fenômeno: "É imediato, inefável, metassimbólico"[15].

Para Heschel, parece óbvio que muitos fenômenos que são inexplicáveis hoje, sem dúvida e com toda a probabilidade, serão explicáveis no futuro, devido ao avanço da investigação científica. Sustenta ele, então, a utilização do princípio da incompatibilidade como axioma válido à análise da questão do inefável, pois, em seu cerne, esse princípio é incompatível com nossas categorias. Tanto a natureza como o próprio ato do pensamento estão fora de nosso alcance de apreensão. O autor, nessa acepção, exerce o pensar situacional e a autocompreensão radical para sustentar essa concepção. Portanto, para ele:

> A essência das coisas é inefável e, deste modo, incompatível com a mente humana, e é precisamente esta *incompatibilidade* que é a fonte de todo pensamento criativo em arte, religião e vida moral. Nós podemos, por conseguinte, sugerir que tal como a descoberta da compatibilidade da realidade com a mente humana é a raiz da ciência, assim também a descoberta da incompatibilidade do mundo com a mente é a raiz do *insight* artístico e religioso. É no domínio do inefável, onde o mistério está dentro do limite de todos os conceitos, onde os principais problemas da religião são gerados[16].

Nesses termos, Heschel propõe então aplicar o *princípio da incompatibilidade* para esclarecer (compreender) a experiência de *evento* em relação ao inefável, semelhante à relação entre a razão e a ciência, que sói aplicar conceitos definidos compatíveis para explicar o objeto de estudo e o funcionamento dos processos da natureza. "Toda explanação científica de um fenômeno natural fundamenta-se na hipótese de que as coisas se comportam de maneira basicamente racional e inteligível à razão humana"[17]. Ele se utiliza da idéia de inefável como premissa básica na formulação dos conceitos, para evitar a perda de significado e não tornar trivial e irrelevante qualquer discussão sobre os caminhos que levam a Deus, nos quais aparece o não compatível, a fonte do mistério.

A Dimensão do Inefável

Após essa introdução explicativa, Heschel dá início à compreensão mais detalhada da percepção da realidade, revelada sob a extensão do

---

15. *Deus em Busca do Homem*, p. 136.
16. Idem, p. 137.
17. Idem, p. 136.

indizível. Para ele, o inefável não é sinônimo de desconhecido, como veremos a seguir:

> é um aspecto da realidade que por sua real natureza situa-se para além da nossa compreensão, e é reconhecido pela mente como estando para além de seu próprio escopo. O inefável também não se refere a um domínio separado do perceptível e do conhecido. Refere-se à correlação do conhecido com o desconhecido, do que se conhece e do que não se conhece, ao qual a mente volve em todos os seus atos de pensamento e de sentir[18].

O autor entende o senso do inefável como um senso de transcendência e um senso da alusão da realidade ao significado, ou seja, como função irracional da consciência. Nesse sentido, compreende a percepção intuitiva atualizando com mais força o que é racional. Logo, o inefável é mais um sinônimo de significado obscuro do que de ausência de significado. A *Bíblia* aborda a dimensão da *Glória*, sinônimo de inefável, como uma dimensão tão sublime e elevada, que é causa de tamanho impacto para a consciência, que desperta mais o temor do que a curiosidade.

Para Heschel, quando o homem é concebido como a medida do significado do propósito do universo, do ponto de vista do homem, parece que o universo é sem objetivo ou propósito. Heschel nos responsabiliza por essa contradição e questiona a incoerência dessa acepção: "Como seria o homem uma medida do significado se não há, essencialmente, qualquer significado? Diante da grandeza inimaginável do universo, não podemos admitir apenas que haja um significado que seja maior do que o homem"[19].

Esse pressuposto dá origem, segundo o autor, a duas correntes do pensamento humano:

> uma começa com o homem e suas necessidades e finalidades supondo que o universo é uma manifestação sem significado ou um desperdício de energia; a outra começa na perplexidade, no temor e na humildade, e termina na aceitação de que o universo está cheio de uma glória que suplanta o homem e sua mente, mas é de significado eterno para aquele que tornou isso possível[20].

O temor que desperta a experiência do inefável é a consciência do mundo em sua magnitude plena de uma radiação espiritual, para a qual não temos nome nem conceito. Para Heschel, nós ficamos perplexos pela consciência da preciosidade imensa do ser, que não é objeto de análise, mas uma causa do maravilhoso; é inexplicável, inonimável e não pode ser especificado ou colocado numa de nossas categorias. Além de termos uma certeza sem conhecimento de causa, é real sem ser exprimível. É algo que não pode ser comunicado aos

---

18. Idem, p. 137.
19. Idem, p. 138.
20. Idem, ibidem.

outros e cada pessoa tem que encontrá-lo por si própria. Nos momentos em que percebemos o inefável, estamos tão certos do valor do mundo como do de sua existência[21].

Para Heschel, a experiência do sagrado conecta a consciência ao irracional e forma os pensamentos e os sentimentos do sujeito, e essa pode ser uma razão com valor suficiente que justifique a existência do mundo. Apesar de uma atitude cética, que se deve ao fato de o mundo não ser perfeito, ao se admitir sua imperfeição a preciosidade de sua grandeza é inquestionável. "O temor, pois, é mais do que um sentimento. É uma resposta do coração e da mente à presença do mistério em todas as coisas, *uma intuição para um significado que está além do mistério*, uma consciência do *valor transcendente do universo*"[22].

É compreendido, em sua origem, como pavor provocado por certas manifestações de Deus, nas quais o ser humano experimenta a santidade, a transcendência, a teofania, a visão ou o sonho, e a demonstração de força na criação[23].

Para Heschel, ao nos defrontarmos com o sublime, a evidência do temor impõe-se à consciência e podemos tanto comprovar a vivência de tremor e de fascínio que suscita quanto compartilhar de nossa impossibilidade de provocar esse tipo de experiência. A bem da verdade, podemos concordar, ficamos muito espantados quando ela ocorre, e geralmente não sabemos como reagir a essa experiência.

Segundo o autor, há mais significado na realidade do que a alma pode alcançar. Então, conclui que, para nosso senso de mistério e de maravilha, o mundo é demasiado inacreditável, sendo tão significativo para nós como o fato de sua existência ser muito improvável e inverossímil, contrária a todas as expectativas racionais. Até mesmo nossa capacidade para nos surpreender enche-nos de perplexidade. Portanto, é sobre a certeza do significado essencial que fixamos nossas próprias vidas.

Para o homem religioso, cada julgamento que pronuncia, em cada ato que executa, supõe que o mundo é significativo. Assim, a vida não valeria nada se agíssemos como se não houvesse nenhum significado essencial. Para o autor, naturalmente, negá-lo seria sem sentido: num mundo não governado por um significado, a diferença entre afirmação e negação também seria sem significado. Este é, pois, um *insight* que alcançamos em atos de admiração: não para *medir* um significado em termos de nossa própria mente, mas para *sentir* um significado infinitamente maior do que nós próprios[24].

---

21. Idem, p. 139.
22. Idem, p. 140.
23. Ver o verbete "Temor de Deus", em J. Lacoste, *Dicionário Crítico de Teologia*, p. 1695, para um aprofundamento do conceito de temor.
24. Cf. *Deus em Busca do Homem*, p. 141.

Heschel entende que é preferível compreender como a perda do temor ocorreu do que afirmar que esta é irreparável. Podemos concordar, então, com a afirmação do autor de que "ninguém pode mover-se entre os cientistas, hoje em dia, sem sentir mais ou menos a mesma coisa: há excitação, algumas vezes perplexidade, mas, muito mais raramente, reverência"[25]. Contrário a esse exemplo é citado pelo próprio Heschel que Kepler experimentava Deus nas leis matemáticas da natureza, pois, após descobrir a ordem e a harmonia da natureza, ele teria exclamado: "Eu concebo teus pensamentos após ti, ó Deus!"[26]. Conforme o autor:

> verdadeiramente o *mistério* do significado *silencia*. Não há nenhuma manifestação, nem palavras, nenhuma voz é ouvida. Todavia, além de nossa razão e além de nossa crença, há uma faculdade *pré-conceitual* que sente a glória, a presença do Divino. Não a percebemos. Dela não temos nenhum esclarecimento; temos apenas *uma consciência*. Não há testemunhos. E testemunhar é mais do que descrever. Não temos nenhum conceito, nem podemos desenvolver uma teoria. O que todos nós temos é uma consciência de algo que não pode ser conceitualizado nem simbolizado. [...] O Deus cuja presença no mundo nós sentimos é anônimo, misterioso. Podemos sentir que ele *é*, não *o que* ele é. Qual é seu nome, sua vontade, sua satisfação por mim? Como eu deveria servi-lo, como deveria adorá-lo? O senso do maravilhoso, do temor e do mistério é necessário, mas não suficiente para encontrar o caminho do maravilhoso para a adoração, da espontaneidade para a realização, do temor para a ação[27].

A Religião Principia com Maravilha e Mistério

Para Heschel, compreender a dimensão do fenômeno religioso não significa reduzi-lo a um conceito filosófico. A mente religiosa busca um modo de chegar ao desconhecido. Quando o mundo é um mistério, o problema mais premente é o que lhe dá significado:

> Toda referência a idéias que são análogas a estes atos terrenos torna-se absolutamente inadequada. Não há nenhuma resposta ao mundo para o milagre fundamental do homem no mundo. Não há nenhuma resposta na personalidade para o milagre fundamental do homem na personalidade[28].

Esse argumento de apenas uma idéia ser maior do que o mundo, uma idéia não adquirida, quer por experiência quer pôr especulação, seria adequada e valiosa para ser relacionada ao problema religioso, pois serve à afirmação de que o mistério da criação, como argumento, é mais interessante do que o conceito do desígnio. Assim, um Deus que paire sobre o mistério é uma reflexão mais rica do que personalizá-lo na figura de um criador ou de um mestre espiritual. Segundo Heschel, esse poderia ser um bom exemplo para o que seria uma res-

---
25. Idem, p. 141-142.
26. Kepler apud A. J. Heschel, *Deus em Busca do Homem*, p. 140.
27. *Deus em Busca do Homem*, p. 142.
28. Idem, p. 144-145.

posta mais adequada ao problema religioso. Quando admitimos que não compreendemos nada sobre a origem do universo estamos sendo mais honestos do que quando aceitamos a idéia de um criador. Essa discussão, em Heschel, pretende indicar que há conceitos melhores que outros em nossa tentativa de construir uma linguagem mais apropriada para abordar a experiência religiosa.

No conceito de Heschel, religião é o resultado do que o homem fez com o seu milagre fundamental, com os momentos de temor e com o senso de mistério. Assim, não é um sentimento pelo mistério da vida ou um senso de temor, estupefação ou medo, que são a raiz da religião, mas, antes, a questão: o que fazer com esses sentimentos?

Heschel, a cada resposta que dá, concatena e estabelece uma nova questão. Leva-nos à exaustão da razão, em uma dança entre os pólos positivo e o negativo, uma tensão constante que se parece com o jogo de esconde-esconde que fadiga a consciência (o pensamento) e, ao mesmo tempo, nos desperta a curiosidade em cada nova questão formulada. Estamos, literalmente, "dançando com o Heschel" entre as percepções das variadas facetas que o pensar antagônico em meio às polaridades apresenta. O autor nos alerta ao dizer que o pensamento a respeito de Deus começa quando não sabemos mais como *admirar*, como ter *medo* e como estar *temerosos*. Chegamos ao fim do túnel escuro de sofrimento da alma, do qual surge a questão fundamental, quando definitivamente ficamos desanimados, no sentido literal da palavra, quando perdemos o *élan* vital. É-nos feita a pergunta da vida por ela mesma: Qual é o sentido da existência?

Heschel comunga com a busca da alma e, nela, afirma existir um senso de compromisso e de admiração que tememos desvendar. Por que ele afirma isso? Talvez porque exija de nós um compromisso com preceitos, os quais preferimos sonegar.

Para o autor, a maravilha é o estado de nosso ser questionado, quando, a despeito de nosso orgulho e cobiça, somos guiados pela consciência de que algo nos é indagado; de que somos inquiridos a admirar, a venerar, a pensar e a viver de um modo que seja compatível com a grandeza e com o mistério da vida.

Na modernidade, uma situação de crise leva, muitas vezes, alguém a buscar soluções em uma psicoterapia, pois assinala ou marca um momento de crise existencial de valores. Presumimos que a psicologia passa a ocupar o lugar da religião, principalmente no que diz respeito ao exercício da função de acolher e suportar o sofrimento. Heschel, por sua vez, apresenta-nos a religiosidade como um aspecto importante de sentido para a existência que pode encontrar resposta nesse percurso.

Heschel, na defesa de que há uma questão endereçada a nós, nos diz que somos chamados a esse processo, e o legado concedido a nós é a possibilidade de escolha, em que a questão do livre arbítrio surge, ou seja, podemos responder ou recusar.

Ele formula a questão fundamental e afirma que mesmo que saibamos e tenhamos consciência do chamado, nos negamos a responder, pois desejamos a simplicidade como modo de viver, num conflito entre o que fazer com a maravilha ao mesmo tempo em que a negamos. Mesmo se estivermos sensíveis, Heschel afirma que o peso da questão do que fazer com o sentimento pelo mistério da vida persiste:

> A consciência do ser inquirido é facilmente reprimida, pois é um eco da intimação, que é mínimo e moderado. Não pode ser, contudo, para sempre subjugado. Dia virá quando a ainda pequena intimação tornar-se-á "como o vento tempestuoso que executa a sua palavra" (Sl 148,8)[29].

Para Heschel, a vaidade é algo inútil ao coração e se torna insuportável ao ser humano. Nossa sobrevivência está ligada a nossa consciência do que nos é indagado e de por quem somos indagados. A certeza da realidade de Deus acontece e o mistério fundamenta o começo de nossa preocupação religiosa e o começo do pensamento religioso. Explica ele que, na especulação tradicional, o caminho do pensamento a respeito de Deus se dá *via eminentiae,* ou seja, um modo de proceder partindo do conhecido para o desconhecido. Nosso ponto de partida não é o conhecido, o finito, a ordem, mas o desconhecido dentro do conhecido, o finito dentro do infinito, o mistério dentro da ordem[30].

Para encontrar um novo caminho, devemos abrir mão da certeza que temos de algumas definições, considerar que mesmo o que tomamos por conhecido guarda em si um enigma. Para Heschel, há a consciência de que "qualquer encontro genuíno com a realidade é um encontro com o desconhecido, é uma intuição em que se obtém uma consciência do objeto, um conhecimento rudimentar, *pré-conceitual*"[31].

Para ele, todo o pensamento criativo emana de um encontro com o desconhecido. O fato de usualmente nós sentirmos mais do que aquilo que podemos dizer é profundamente significativo, pois coloca a consciência diante do mistério, em confronto com este, *lócus* da matriz do pensamento criativo.

UMA PRESSUPOSIÇÃO ONTOLÓGICA

Para Heschel, o significado e a verificação da pressuposição ontológica são alcançados em raros momentos de *insight*. Todo *insight* se encontra em dois domínios: o domínio da realidade objetiva e o domínio

---

29. Idem, p. 148.
30. Idem, p. 149.
31. Idem, p. 150.

da cognição conceitual e verbal. Cognição conceitual deve ser o teste de dupla referência: da referência de nosso sistema de conceitos e da referência dos *insights* da qual é derivada. Nesse caso, poder-se-ia dizer que, para Heschel, o nível pré-conceitual é a matriz da qual parte o sentido e o significado da reflexão, posteriormente, pela cognição conceitual. O autor entende a disparidade que ocorre, em particular no pensamento religioso e artístico, entre aquilo que encontrarmos e aquilo que está expresso em palavras e símbolos, quando nem palavras nem símbolos podem comunicar adequadamente. "Em nossa situação religiosa, não compreendemos o transcendente; estamos presentes nele, nós o testemunhamos"[32]. Nada do que é dito é adequado e tudo que tentamos dizer parece ser uma exposição incompleta. Desse modo, nossa consciência mais profunda está além do ato de vontade da consciência em refletir e em elaborar conceitos, encontrando-se presente nos *insights* que não são acessíveis à força de expressão.

O autor diferencia o sentido de *conhecimento* e *consciência* e de *expressão* e *experiência*. Entende que ao partir da consciência para se obter o conhecimento, auferimos claridade, mas perdemos em imediação. O que ganhamos em precisão, a partir da experiência, perdemos em genuinidade. Essa diferença resulta em uma divergência: "quando nossos *insights* pré-conceituais estão perdidos em nossas conceitualizações, quando o encontro com o inefável está disperso em nossas simbolizações, quando a formulação dogmática torna-se mais importante do que a situação religiosa"[33].

Heschel se preocupa com o destino da experiência transcendente, para que não se reduza essa compreensão da experiência a uma explicação psicológica do fenômeno. Já que, assim, a presença divina perde o valor de realidade, o sentido profundo e místico do encontro com o inefável e também a atitude de reverência e de ação religiosa que incita. O autor diz, ainda, que só é passível de entendimento parte dessa experiência, pois toda classe de pensamento e de expressão religiosa é uma sublimação de um conhecimento pré-simbólico que advém da consciência do inefável. Adverte à filosofia da religião que é necessário um esforço permanente para relembrar e manter viva a relevância metassimbólica dos termos religiosos, afirmando:

> Toda classe de pensamento e expressão religiosa é uma sublimação de um conhecimento pré-simbólico que a consciência do inefável proporciona. Essa consciência pode apenas, e em parte, ser sublimada em símbolos racionais. A filosofia da religião deve ser um esforço para relembrar e manter viva a *relevância metassimbólica dos termos religiosos*. O pensamento religioso está em perigo perpétuo de dar primazia a conceitos e dogmas, e de perder a imediação de *insights*, de esquecer que o conhecido

---

32. *Deus em Busca do Homem*, p. 151-152.
33. Idem, p. 152.

é apenas um lembrete de Deus, que o dogma é um penhor de sua vontade, a expressão é o inexpressável em seu mínimo. Conceitos e palavras não devem ser encarados como paredes; eles dever ser encarados como janelas[34].

Para o autor, o encontro com o inefável promove *insights* que acessam uma consciência mais profunda da realidade espiritual e que os conceitos são incapazes de expressar. Temos conhecimento de que esses estados de consciência são amplamente estudados, a partir de relatos e de narrativas dos santos e dos místicos, que utilizam uma linguagem metafórica e imprecisa.

A Religião é a Resposta ao Mistério

Heschel diz que a religiosidade nasce como uma resposta aos *insights* fundamentais, dados à consciência do inefável, e a raiz da fé está na necessidade da alma de ir além de si mesma. É nesse mesmo âmbito que se dá a experiência de perplexidade radical e maravilhosa, dimensão onde grandes coisas que acontecem à alma e de onde se originam os grandes *insights* de arte e de filosofia.

Tal resposta é uma das marcas da dignidade essencial do homem, pois a essência da grandeza do homem não está em sua habilidade de favorecer seu ego e de satisfazer suas necessidades, mas, antes, de permanecer acima de seu ego, e de ignorar suas necessidades, sacrificando seus próprios interesses pela santidade. A premência da alma em fazer seus próprios julgamentos e em observar o significado para além do limite do tangível e do finito corresponde à necessidade da alma de se elevar acima de sua própria sabedoria. Esta é a raiz da fé religiosa[35].

Porém a qualidade humana de transcender o ego é uma de suas virtudes mais importantes. Essa dignidade o habilita a sacrificar seus próprios interesses pela santidade. Nesse sentido, para Heschel, a fé se torna um ato de liberdade porque nos leva além de nossas limitações:

> É um ato de êxtase espiritual, de elevação acima de nossa própria sabedoria. [...] é considerar a respeito do mundo em termos de Deus, viver de acordo com o que é relevante para Deus. Ter fé não é desprezar a razão humana, mas, antes, compartilhar da sabedoria divina. "Levante seus olhos para o alto e veja. Quem criou essas coisas?"[36].

Heschel compreende que àqueles para os quais a realidade aparente responde aos anseios não é possível alcançar o domínio do mistério. As essências da fé e da crença em Deus estão conectadas com o mais alto domínio do mistério[37].

34. Idem, ibidem.
35. Idem, p. 153.
36. Idem, p. 154.
37. Idem, p. 154-155.

A Preocupação Fundamental é um Ato de Adoração

Os sentimentos que entendemos como necessários à fé, ora vistos como o senso do maravilhoso, do temor e do mistério, conforme afirma Heschel, de fato não nos esclarecem a respeito de Deus, servem apenas como via (para nos conduzir àquele plano) de acesso, o que torna a questão religiosa de um interesse inevitável. De tal maneira que não permite delegar a outrem essa tarefa de cunho estritamente pessoal. Para Heschel, somos fadados a ter um objeto fundamental de adoração, com liberdade de escolher qualquer objeto: "não se pode viver sem ele; pode ser um objeto real ou fictício, Deus ou um ídolo"[38].

O autor compreende que é uma inversão característica falar do problema de Deus, quando o que se encontra realmente em discussão, para ele, é o problema do homem. "O homem é o problema, e adoração é a resposta ao clamor de sua necessidade espiritual"[39].

Volta-se à questão principal do judaísmo: transformar em ato de relacionamento uma atividade concreta de adoração. A adoração não deve se tornar uma ilusão, algo sem significado, o que transformaria a existência humana num absurdo[40]. O autor afirma que a adoração suprema de um objeto fundamental é inata à natureza humana, como se fosse um instinto religioso. E argumenta o absurdo de se negar a realidade de um objeto fundamental, concluindo não ser possível nenhuma negativa razoável a respeito da existência de Deus. Para ele é possível apenas uma confissão honesta que reconheça a incapacidade de crer ou a arrogância de negar. Ele considera que:

> A divergência entre o que pensamos e o que dizemos é devido à necessidade de ajuste do *insight* às categorias comuns de pensamento e de linguagem. Assim, mais sério do que *o problema de como* a religião justificaria seu credo em termos do pensamento filosófico, é o *problema de como o homem* religioso justificaria seus conceitos, seu credo, em termos de *insight* religioso e de experiência. Há uma profunda disparidade entre o homem e a realidade, entre a experiência e expressão, entre consciência e concepção, entre mente e mistério. Deste modo, a disparidade de fé e credo é o maior problema da filosofia da religião[41].

Heschel nos remete além da expressão verbal, numa linguagem silenciosa do mundo, espontânea, que emerge do convite que nos faz para escutar o significado de sua acepção do inefável, o que nos lembra a importância da atividade da oração e da meditação. Dessa forma, o valor estende-se ao silêncio, que agora se torna preferível ao falar, porque "palavras não são indispensáveis à cognição do inefável. Só se tornam necessárias quando desejamos comunicar nossas idéias

---

38. Idem, p. 155.
39. Idem, ibidem.
40. Idem, p. 156.
41. Idem, p. 159-160.

a outros ou provar a eles que alcançamos cognição"[42]. Heschel parafraseia uma citação de Maimônides, em seu *Guia dos Perplexos*, que incita o leitor à aquisição de um discernimento adequado para a unidade de Deus e para se tornar um daqueles "que têm uma noção da verdade e a aprenda, mesmo que não a expresse como é recomendado ao piedoso: 'Meditai em vosso coração sobre a vossa cama, e calai-vos' (Sl 4,5)"[43]. O autor conclui com o que Maimônides entende sobre o silêncio, quando diz:

> Louvado seja Deus, que é de tal modo que, quando nossas mentes tentam visualizar sua essência, o poder de apreensão delas se torna imbecilidade; quando elas estudam a conexão entre suas palavras e sua vontade, o conhecimento delas se torna ignorância; e quando nossas línguas desejam declarar sua grandeza em termos descritivos, toda eloqüência se torna impotência e imbecilidade[44].

A partir do que foi dito, acerca de pensar Deus como uma pressuposição ontológica, e de todas as afirmações a seu respeito serem exposições incompletas, nos confere, agora, buscar o significado e o conteúdo dessa pressuposição ontológica. Heschel acredita tanto que não há outra fonte segura a respeito da existência de Deus como alguém que seja capaz de nos dar um discernimento que supere a (vá além de) nossa simples consciência. "Explorar essa fonte de certeza é o objetivo da próxima pesquisa"[45].

Acerca do Significado de Deus

Heschel, ciente da necessidade de que qualquer pesquisa parte de um pressuposto que implica em um mínimo de conhecimento a respeito do significado daquilo que estamos tentando pesquisar, indaga: "Portanto, em nosso caso, qual é o mínimo de significado que a palavra de Deus encerra para nós?"[46]. Como resposta, afirma que primeiro temos a idéia de supremacia: "Deus é um ser além do qual nada existe ou é possível. Além disso, significa o todo, único, eterno"[47]. Todos esses adjetivos são qualificativos do nome de Deus, mas não expressam a sua essência. Heschel segue em sua análise e explicita:

> Nós manifestamos: Deus é um; mas incorreríamos, intelectualmente, numa idolatria ao dizer: o Um é Deus. Qual é, então, o significado do nome ao qual supremacia e unidade estão vinculados? É o conceito do absoluto? É o conceito de uma causa primeira?[48]

---

42. Idem, p. 161.
43. Idem, p. 160.
44. Idem, p. 161.
45. Idem, p. 162.
46. Idem, ibidem.
47. Idem, p. 163.
48. Idem, ibidem.

Ele pensa que conceber a busca de Deus como uma busca da idéia do absoluto seria eliminar o problema que tentamos explorar. Dizer respeito a uma causa primeira ou uma idéia do absoluto – desprovidas de liberdade – concerne mais a um problema para a ciência ou metafísicas do que uma preocupação da alma ou da consciência. Conclui, então, que uma afirmação de tal causa ou idéia seria uma resposta excludente a nossa questão.

A preocupação do autor refere-se à necessidade da alma, portanto, considera que ela prescinde de um conceito morto, mas carece da experiência de um Deus vivo. Para o autor: "a meta se encontra em determinar a existência de um ser a quem possamos confessar nossos pecados, de um Deus que ame, de um Deus que não esteja além da preocupação com nossa indagação e de nossa procura por ele; um pai, não um absoluto"[49].

O autor complementa sua reflexão direcionando-nos a adotar um dos caminhos a seguir: conceber Deus como um ser espontâneo e livre ou considerá-lo como um ser inanimado, ou seja, ou Ele está vivo, ou é desprovido de vida. Apesar de ambas as premissas, a maioria das pessoas admite e afirma: "Deus como o grande desconhecido"[50].

Nessa asserção, baseada na concepção de que Deus permanece eternamente misterioso, encontra-se o dogma que envolve uma contradição. Para Heschel, "proclamamos a ignorância a respeito de Deus juntamente com nosso esclarecimento a respeito de seu ser ignorado"[51]. Essa incongruência parece, ao autor, pertencer em parte, à nossa herança pagã. Conceber que o Ser Supremo é um mistério total ao mesmo tempo que aceitamos as idéias de uma causa primeira e de um poder criador do universo, nos leva à experiência paradoxal da suposição de que o poder que pode tornar possível a criação do mundo, não foi capaz de fazer-se, a si próprio, conhecido. Afirmamos a ambivalência numa idéia de absoluta potência e, ao mesmo tempo, de absoluta impotência. Desse modo, Heschel entende que excluir *a priori* a vida e a liberdade do ser supremo resulta desqualificar Sua realidade. No entender do autor:

> O pensamento a respeito de Deus como um problema especulativo talvez possa advir da premissa do caráter misterioso e absoluto de Deus. O pensamento a respeito de Deus como um problema religioso que começa com prodígio, temor, louvor, medo, perplexidade radical e tremente não pode proceder se está restrito à pretensão de que Deus é desprovido de vida. Não podemos manifestar-nos por palavras e, ao mesmo tempo, negar que ele existe, que está vivo. Se Deus está morto, então a adoração é uma tolice[52].

O problema que agora se apresenta está voltado para a questão de saber se estamos mortos ou vivos para Sua realidade, motivo básico

---

49. Idem, p. 164.
50. Idem, ibidem.
51. Idem, p. 165.
52. Idem, ibidem.

desta pesquisa. Heschel remete-nos a verificar nossa própria potência espiritual, testada pelos limites da capacidade de empenho pessoal nas possibilidades que se nos apresentam nesse processo, o quanto estamos aptos a nos desenvolver nesse trajeto espiritual à procura de Deus. Evidentemente, quando apelamos aos conceitos podemos nos acomodar e sustentar confortavelmente que Deus não está vivo, tanto quanto ser insensíveis para o mistério da vida e para a infinita dimensão de sua grandeza. Heschel afirma, então, que extraordinariamente "sabemos a respeito de Deus vivo nos momentos em que carregamos o peso da perplexidade radical"[53]. Uma outra possibilidade, abordada em profundidade no capítulo anterior, se apresenta: entender Deus como um símbolo, no qual a questão se está vivo ou desprovido de vida não vem à baila.

Ao nos referirmos a Deus, numa definição, incorremos na falácia de atribuir-lhe um significado apenas naquilo que nos interessa. Reduzindo-o a um nome, é somente mais um símbolo do interesse humano, interpretado, nas palavras de Heschel, como "a objetivação de um estado subjetivo da mente"[54]. Compreendemos que essa redução simbólica implica na crítica que tal Deus seja considerado como fruto de uma projeção de nossa imaginação[55]. Leone explicita um pouco mais este ponto, afirmando:

> Os símbolos têm um *status* psicológico, não ontológico; eles não afetam nenhuma realidade, exceto a psique do homem. As *mitzvot* afetam Deus. Símbolos são fugidios, *mitzvot* são transcendentes. Símbolos são menos do que o real, *mitzvot* (as obras) são mais que o real[56].

Leone comenta que Heschel admite a religião judaica como não-simbólica, mas voltada a uma mística da ação, entendendo que as cerimônias foram criadas para significar e as *mitzvót* foram dadas para santificar. Porém, há uma questão quanto ao fato das cerimônias, ao tornarem-se enfadonhas, perderem o sentido para o qual se prestam, limitando-se a atos convencionais que atendem somente aos costumes, desprovidos de *kavaná* (intenção), o que é o mais precioso sentimento do ato religioso, pois a alma participativa expande-se quando envolvida num clima de devoção interior. As cerimônias são exigidas pelos costumes e pelas convenções e as *mitzvót* são exigidas pela *Torá*[57].

Para Heschel, a supervalorização do ritual redunda em uma forma de behaviorismo religioso. O autor de modo algum nega o dever de se cumprir o mandamento, só chama atenção para a maneira como

---

53. Idem, p. 166.
54. Idem, ibidem.
55. Idem, ibidem.
56. *A Imagem Divina e o Pó da Terra*, p. 176.
57. Idem, ibidem.

isso se dá, para não se transformar num ato carente de vibração e de envolvimento emocional, em um automatismo desprovido de consciência de conexão com a presença do inefável. Como vimos, existe uma função maior para o desenvolvimento, as regras correspondem ao caminho para o autodesenvolvimento e para o desenvolvimento do coletivo.

Ainda, segundo Leone, Heschel não está unicamente voltado para a ação, mas, sim, para o que esta evoca no sentido da sua intencionalidade. Leone explica que o conceito *kavaná* tem um significado mais profundo, que compreende dois movimentos implícitos no gesto ou atitude: a busca da unidade do ato e da intenção, e da alma e do corpo; que se expandem para além deles mesmos. A intenção judaica é a espiritualização compreendida em todos os atos feitos pelo corpo; espiritualizar cada ato neste mundo com esse corpo significa estar-se por inteiro naquilo que se faz, tornar-se presente. É participar do ritual imerso nesse clima que orienta o coração à alma. É dirigir o coração ao Pai mais do que dar atenção ao texto litúrgico. É preciso ser aquilo que se faz; focalizar a atenção em Deus é uma oração, é o anelo por Deus, a atenção por Deus[58].

Podemos compreender melhor o motivo de Heschel estender sua crítica à perspectiva simbólica da religião fundamentado na recomendação bíblica que ele entende como a aceitação de Deus e a rejeição de ídolos, indicadas nos dois primeiros dos Dez Mandamentos. A rejeição do símbolo está implícita no terceiro mandamento: "Não tomarás o nome de Deus em vão". Certamente, Deus é mais do que "um nome para o qual o homem se interessa fundamentalmente"[59].

Para Heschel, somente os santos estão interessados em Deus. Ele afirma que o que interessa à maioria de nós, essencialmente, é o nosso ego. Reitera que consciência bíblica começa não com o interesse do homem, mas com o interesse de Deus. Portanto:

> O fato supremo aos olhos dos profetas é a presença do interesse de Deus para com os homens e a ausência do interesse do homem para com Deus... É o interesse para com o homem que clama por trás de cada palavra da mensagem deles. Mas, como nos tornarmos cônscios de seu interesse?[60]

Para trabalhar essa questão, partirmos da suposição de que Deus não deve ser considerado em termos de um ser sem vida e apresentamos dois corolários. O primeiro concerne à parte de Deus no processo de nossa compreensão a seu respeito e o segundo concerne à função do tempo em tal compreensão.

---

58. Idem, ibidem.
59. *Deus em Busca do Homem*, p. 166.
60. Idem, ibidem.

MOMENTOS DE *INSIGHT*

Heschel descreve o clima em que se dá a apreensão de nosso contato com o divino e explicita a emoção transformadora que dela resulta para a consciência. É o impacto da experiência que advém da instância espiritual que a noção de fé revela, então explica:

> O *insight* fundamental é o resultado dos momentos quando somos excitados além das palavras, dos instantes de admiração, temor, louvor, medo, tremor e perplexidade radical; da consciência de grandeza, de percepções que podemos compreender, mas somos incapazes de transmitir, das manifestações do desconhecido, dos momentos em que abandonamos a pretensão de entender o mundo de *conhecer pelo desconhecimento*. É no clímax de tais momentos que alcançamos a certeza de que a vida tem significado, de que o tempo é mais do que evanescência, de que além de todo ser existe alguém que se interessa por ele[61].

O autor compreende que é apenas nesse momentos, ocasião do encontro com o inefável, que as categorias e atos de religião são adequadamente significativos. Heschel compara a relação dos atos de amor e o significado para uma pessoa que está amando, e afirma que o mesmo se aplica às categorias de religião. Há que se estar vivenciando o momento religioso, pois, também, o *insight* fundamental ocorre da experiência, quando emerge para a consciência a partir do nível pré-simbólico e pré-conceitual do pensamento. O autor justifica a dificuldade em "transpor *insights* expressos na linguagem pré-simbólica de eventos íntimos para a linguagem simbólica de conceitos"[62]. Com efeito, por esse dado que é conhecido entre nós, podemos verificar quando nos reportamos à leitura das narrativas dos textos místicos e santos e observamos, através da leitura de seus relatos, a pujança de suas experiências místicas. Para Heschel:

> A vida do espírito não está sempre no zênite, e a graça de Deus nem sempre confere ao homem as bênçãos supremas. Lampejos de *insight* "vêm e vão, penetram e retrocedem, surgem e retraem-se". Pois esse é o modo como toda emanação se origina, "a luz provém Dele e a luz reflui perpetuamente dos cumes predominantes para as profundezas mais baixas"[63].

61. Idem, p. 174.
62. Idem, p. 174-175. Heschel cita Maimônides (p. 175) para esclarecer, que aquele que atinge *insights* mais profundos, "deseja falar, pela palavra escrita ou falada, qualquer dos mistérios que ele aprendeu, não lhe é possível expor clara ou sistematicamente aquilo que compreendeu como teria feito em qualquer ciência que tenha determinado método de instrução. Quando ele tentar ensinar a outros, não encontra a mesma dificuldade encontrada em seu próprio estudo, a saber, que o assunto se torna claro por uns momentos e, em seguida, retrocede à obscuridade. Parece que isto é a natureza deste assunto, seja grande ou pequena a participação de alguém nele. Por esta razão, quando algum metafísico ou teólogo, de posse de alguma verdade, pretende divulgar sua ciência, ele não o fará senão por analogias ou enigmas. Os escritores deste assunto têm usado [...] diferentes analogias, que variam, não apenas em pormenores, mas em seu caráter essencial".
63. Idem, p. 175.

Essa vivência de caráter numinoso se evidencia por eventos que sucedem à mente, mantêm sua clareza só no momento exato da experiência, passado um só instante se perdem, podendo ser comparados aos sonhos que têm essa mesma característica.

Segundo Heschel, outra experiência importante, mais rara e que somente para algumas pessoas acontece, é aquela que pode ser considerada como uma visão súbita de estrelas cadentes. Essas vivências, por vezes, passam e caem no esquecimento e outras vezes acendem uma luz que nunca mais se apaga. São esses momentos, por conseguinte, considerados como resposta, os lumes de força que sustentam a fé. Fica claro, portanto, para o autor, que por mais intensamente que meditemos, mais claramente concebemos que a pergunta que fazemos é uma pergunta para a qual já temos resposta, que "a pergunta do homem acerca de Deus é a pergunta de Deus acerca do homem"[64].

Todos somos potencialmente capazes da experiência desses momentos na vida, mas, alguns não foram ensinados a discriminar tal "situação radical", ficando em dúvida quanto a aceitar a realidade divina que essa experiência expressa. Para o autor, aquele que passou por um momento de *insight radical* e nega a existência de Deus é o mesmo que estar cometendo perjúrio.

Sabemos que o axioma apriorístico filosófico da teologia entende Deus como resposta à questão religiosa, que se desdobra em sua maior parte, segundo o autor, nas teorias da religião que definem a situação religiosa como a busca do homem por Deus. No pensamento bíblico, essa definição é considerada incompleta e o axioma falso. Heschel esclarece que a *Bíblia* não apenas entende o homem em busca de Deus, mas também nos revela a *busca de Deus pelo homem*. Então, estabelece-se uma relação dialógica entre ambos e, como exemplo, cita Jó e a liturgia do Dia do Perdão: "'Tu me caças como um leão feroz', exclamou Jó (10,16). 'Desde o princípio tu separaste o homem e o consideras digno de permanecer em tua presença'"[65]. Encontra-se então explícito o misterioso paradoxo da fé bíblica: *Deus está procurando o homem*. Afirma-se aqui como que uma necessidade, é como se Deus não quisesse estar só e tivesse escolhido o homem para servi-lo.

> Buscá-lo não é apenas interesse do homem, mas também Dele e esta busca não deve ser considerada um labor exclusivamente humano. Sua vontade está envolvida em nossos anseios. Tudo a respeito da história humana como é descrito na *Bíblia* pode ser resumido numa única frase: *Deus está à procura do homem*. Fé em Deus é uma resposta à pergunta de Deus[66].

---

64. Idem, p. 176.
65. Idem, p. 177.
66. Idem, p. 178.

Quando Adão e Eva fugiram da presença de Deus, o Senhor chamou: "Onde estás?" (Gn 3,9). Heschel nos convida a ouvir esse chamado que, para ele, repete-se sempre. "Podemos ainda ouvi-lo, como um pequeno eco de uma voz suave, não expresso em palavras, não expresso em categorias mentais, mas inefável e misterioso, tão inefável e misterioso como a glória que enche o mundo todo"[67]. Poético, Heschel diz: "Está envolvido em silêncio; oculto e reprimido, ainda é como se todas as coisas fossem o eco esmaecido da pergunta: *Onde estás*"[68].

Para o autor, a resposta dura um momento, a promessa permanece. Ele afirma a necessidade da consciência do mistério inefável, tornar-se um estado mental permanente para que não seja um empreendimento sem fé. A observância e a adoração significam a conservação e o aprimoramento de nossa apreciação da consciência do inefável, para não abandonar a experiência da fé. Portanto, de nós depende a atitude de continuar a orar e a corresponder, para sermos capazes de crer e permanecer em sua presença. Em suas palavras:

> Recôndita é a dimensão onde Deus e o homem se encontram, e, contudo, não completamente impenetrável. Ele colocou dentro do homem algo de seu espírito (veja Isaías 63,10), e "há um espírito no homem, e a inspiração do Todo-poderoso os faz entendidos" (Jó 32,8)[69].

Luiz Felipe Pondé, no trecho do artigo abaixo citado, elucida que "A fortuna teológica ocidental é rica em momentos que descrevem um discurso diante de D'us, dos *Salmos* às *Confissões* de Santo Agostinho, passando por toda a tradição mística e pelas narrativas da santidade"[70]. Pondé fala-nos de um pensar filosófico que considera como fundamento básico de sua reflexão o material extraído dos registros das narrativas encontradas na *Torá*. Numa análise, que aqui apresentamos pela importância da elucidação metodológica na avaliação dos recursos noéticos que o estudo da religião permite, relacionada à teologia profunda proposta por Heschel, Pondé diz o seguinte:

> entendo a idéia de uma teologia profunda (mística, profética, estética e moral) como uma filosofia que se constrói na direta descendência da atitude de pensamento do salmista bíblico. [...] A consciência de falarmos e pensarmos diante de D'us amplia a noção do que vem a ser uma narrativa mística: para além do conteúdo propriamente noético da experiência (relatos de vivência psicológica, fenomenologia da Beleza divina, cosmologia teológica, pressão moral decorrente etc.) uma consciência (filosófica quando desdobrada e organizada em conceitos) que se constrói como reconhecimento da co-habitação humana e divina no mundo do pensamento. Como diz muitas vezes

---

67. Idem, ibidem.
68. Idem, p. 179.
69. Idem, ibidem.
70. L. F. Pondé, A Filosofia Diante de D'us, in: F. Teixeira (org.), *Nas Teias da Delicadeza*, p. 17-22.

Heschel ao comentar o estado de consciência de quem tem fé e ora, "é quase como se o próprio D'us pensasse por nós"[71].

O autor faz uma leitura de aproximação comparativa dizendo que:

> Estando próximo, ainda que indiretamente, dos medievais cristãos escolásticos, mais do que mística como objeto material, mística como objeto formal. A atitude do salmista é, antes de tudo, uma noética formal da mística. A presença de D'us forma o discurso de modo particular[72].

Nessa análise observamos que a presença de Deus transforma o olhar do religioso, ela é uma presença que muda toda a compreensão do entorno e do outro. Entendemos a concepção do humanismo sagrado, de Heschel, como uma importante contribuição para o pensar filosófico-religioso. Tanto quanto a preocupação do pensador Luiz Felipe Pondé, em lançar um novo olhar filosófico sobre as questões fundamentais pertinentes à condição humana e relativas à experiência com o inefável. Legitimar, portanto, esse importante objeto de nosso estudo, seu lócus, o fenômeno místico religioso, assim como reconhecer os efeitos dessa vivência sobre o pensamento a respeito da vida na *praxis*. Talvez pudéssemos denominar a concepção de Pondé, dentro de uma filosofia do judaísmo voltada para a ação, que pretende criar um novo espaço para discussão a partir da *Torá*, outorgando-lhe seu devido valor para a modernidade como conhecimento sapiencial milenar. Pois, a partir dela, é resgatado o poder da religiosidade na ação, na construção do pensar o mundo atualizando-se a proposta divina, na função do pensamento operando na formação do caráter ético e moral a que se presta o desenvolvimento da razão. Poder pensar a religião não mais com olhos preconceituosos ao inefável mistério, mas sim com a reivindicação da alma ao pensamento, o conhecimento ao sentimento, a vida à compreensão dela mesma como um alvorecer da consciência de um novo homem, o homem religioso, como queria Heschel.

Fé é um Evento

Por mais que tentemos compreender e questionar os motivos que justificam nossa crença na existência de Deus, o ato de fé não encontra explicação, pois, para Heschel, este se realiza como uma semente oculta aos nossos olhos, que brota até tornar-se uma árvore. Mas o que ocorre é que a alma raramente se expressa no sentido de "elevar seus segredos mais recônditos aos níveis racionais da mente"[73]. Portanto, Heschel

---

71. Idem, ibidem.
72. Idem, ibidem.
73. *Deus em Busca do Homem*, p. 179-180.

compreende que devemos diferenciar o ato de fé de sua expressão, que consiste em uma afirmação da verdade, um julgamento definido. A fé, para o autor, se dá em momentos de comunhão com a glória de Deus, num momento que ele caracteriza como um evento.

Quando a consciência do inefável passa a participar de nossa visão de mundo, entendemos que há uma mudança qualificativa muito importante. É como se de alguma forma não mais nos colocamos a serviço do ego, mas sim colocamos nosso ego a serviço da obra. Essa mudança implica em percebermos o fluxo dos acontecimentos e nos orientarmos a partir dele. Damos-nos conta de que realmente não podemos controlar nada, mas agora possuímos um sentimento de entrega. Sem dúvida, devemos fazer a nossa parte, mas, com esse novo olhar, com outra dimensão de entendimento, a vida parece conspirar a nosso favor. No momento em que nos damos conta dessa dimensão de realidade, há confiança, ela se estabelece no foro íntimo da alma, e assim podemos concordar com Heschel, ser esse o auto-discernimento radical ao qual ele se refere.

Na visão do autor, a mente está emparedada e nenhum acesso encontra por seus próprios meios para elevar-se ao conhecimento. Mas sua alma é "dotada de janelas translúcidas que se abrem para o além"[74]. Sem dúvida para Heschel o homem que busca ir em direção a Deus possui em si uma reflexão da luz divina que lhe dá o poder para tal anelo, então:

> Deus não está sempre silente, e o homem não está sempre insensível. A glória de Deus enche o mundo; seu espírito se move sobre a face das águas. Há momentos em que, para usar uma frase talmúdica, céu e terra beijam-se; em que há um levantar do véu no horizonte de conhecimento, abrindo para uma visão do que é eterno no tempo. Alguns dentre nós experimentamos, pelo menos uma vez, a realidade momentosa de Deus. Alguns de nós pelo menos captaram um vislumbre da beleza, paz e poder que flui da alma daqueles que se devotam a ele. Aí pode surgir um momento como um trovão na alma, quando o homem não é somente ajudado, não apenas orientado pela misteriosa mão de Deus, mas também ensinado a como ajudar, como guiar outros seres. A voz do Sinai permanece para sempre: "Estas palavras falou o Senhor a toda a vossa congregação, do meio do fogo, da nuvem e da escuridão, *com grande voz permanece para sempre*"[75].

Uma Luz nas Trevas

Como podemos constatar, para Heschel confirma-se na ação, mais que em premissas lógicas, a conclusão sobre onde tem origem a fé. Heschel cita, novamente, o sábio Maimônides, que expressa essa certeza vívida

---

74. Idem, p. 180.
75. Idem, p. 180-181. Recorre à literatura rabínica que compreende o texto talmúdico. Esse texto tem a forma de um debate que perpassa vários níveis de compreensão com diferentes opiniões dos sábios. Heschel refere-se nessa passagem a *Deuteronômio* 5,19, de acordo com a versão aramaica de Onkelos e de Jonathan ben Uziel e com a interpretação de Sanhedrin, 17b; Sotah, 10b; e com a primeira interpretação de Raschi.

numa importante descrição que, embora longa, justifica plenamente a inserção. Válida, seja pela riqueza do modo de diferençar qualidades sutis pertinentes à consciência religiosa, seja pela descrição do conteúdo do fenômeno que esse estado desperta em cada um que o experimenta, seja pelos diferentes graus de sensibilidade e de observância. Esclarecendo o que é incomum ao homem e sempre extraordinário ao místico e profeta na relação com o inefável:

> Não imaginem que estes grandes mistérios são completa e devidamente conhecidos por qualquer de nós. De maneira alguma: algumas vezes a verdade espoca diante de nós com luz brilhante, mas logo é obscurecida pelas limitações de nossa natureza material e hábitos sociais, e caímos numa escuridão quase tão negra como aquela onde estávamos antes. Nós somos como uma pessoa cujas adjacências são de tempo em tempo iluminadas, enquanto nos intervalos ela está mergulhada numa noite escura como breu. Alguns de nós experimentamos, quase perpetuamente iluminados, até que a noite se torna para eles como a luz do dia. Essa foi a prerrogativa do maior dos profetas (Moisés[76]), para quem Deus disse: "Porém tu estás aqui comigo" (Dt 5,31), e acerca de quem a Escritura disse: "A pele de seu rosto resplandecia" (Ex 34,29). Alguns vêem um simples *flash* em toda a noite de suas vidas. Esse era o estado daqueles acerca dos qual foi dito: "Eles profetizaram, mas depois nunca mais" (Nm 11,25).
>
> Com outros, entretanto, há longas ou curtas intermissões entre os *flashes* e, finalmente, há aqueles que não admitem que suas trevas sejam iluminadas por um *flash,* mas apenas, por assim dizer, pelo vislumbre de algum objeto polido, ou à semelhança dele, tal como as pedras e substâncias [fosforescentes] que brilham na noite escura; embora essa luz esparsa que nos ilumina não seja contínua, mas *flashes* que desaparecem como se fossem o vislumbre da espada flamejante (Gn 3,24).
>
> Os graus de perfeição no homem variam de acordo com estas distinções. Aqueles que nunca viram, nem por um momento, a luz, mas titubeiam em sua noite, são aqueles acerca dos quais se disse: "Eles nada sabem, nem entendem; andam em trevas. (Sl. 82,5)". A Verdade está completamente oculta deles, a despeito de seu forte brilho, como também deles se disse: "E agora os homens não podem ver o sol, que resplandece nos céus" (Jó 37,21). Estes são a maioria dos homens[77].

Sem dúvida, esperamos que esta extensa e delicada explanação clarifique a compreensão do resultado dessa potente experiência sobre

---

76. Segundo J. Lacoste, op. cit., p. 1703-1705: Verbete "Teofania". 1.Antigo Testamento. 1. Vocabulário: "Ver", "fazer-se ver" e "visão". Visões e sonhos são os meios pelos quais Deus se comunica com os profetas que, no entanto, são "homens da 'palavra'". Já com Moisés Deus fala de viva voz e a teofania, a revelação "por excelência", é a do Sinai, onde a palavra de Deus se fez acompanhar de fenômenos cósmicos. Aliás, o mesmo ocorre com Elias em Horeb (que é outro nome do Sinai) quando, em seguida a fenômenos naturais que indicam a sua passagem, Deus fala e dá ordens a Elias.

77. *Deus em Busca do Homem*, p. 81. Em nota de rodapé, Heschel remete-nos a More Nebuchim, Introdução, ed. Judah ibn Shmuel, Jerusalém, 1947, p. 6-7; *The Guide of the Perplexed*, traduzido por C. Rabin, Londres, 1952, p. 43s. Segundo Heschel, uma tendência um tanto similar nós lemos no *Zohar*, que a *Torá* revela um pensamento "por um momento e então, imediatamente, cobre-o com outra vestidura, para que permaneça oculto e não se manifeste. O sábio, cuja sabedoria o faz cheio de olhos, penetra através das vestiduras até a essência real da palavra, que está oculta no contexto. Assim, quando a palavra é momentaneamente revelada, aqueles cujos olhos são sábios podem vê-la, embora logo se oculte outra vez". Ver também: Platão, *Epístolas*, VII, p. 341.

a capacidade de conhecimento. Ao descrever as sutis nuances da experiência mística, Maimônides caracteriza diferentes níveis de percepção do mundo espiritual.

O Pathos *Divino*

Para Heschel, a diferença entre o modo de pensar, a concepção de Deus para os filósofos e a reflexão dos profetas resulta numa resposta muito diferente de valores que interferem, em grande parte, na atitude do homem em relação à sua espiritualidade. O Deus dos filósofos é indiferente e elevado demais para sentir e partilhar a dor humana, sendo a sabedoria voltada a si mesma, alheia ao mundo. O Deus dos profetas é completamente envolvido e preocupado e, em sua elevada bondade, não pode ficar alheio à sua criação. "Ele não só governa o mundo com a majestade do seu poder. Ele está pessoalmente interessado e até excitado pelo comportamento e o destino do homem. [...] Sua misericórdia está sobre todas as suas obras" (Sl 145,9)[78].

Heschel entende o paradoxo em que se encerram essas duas concepções no conteúdo bíblico como dois pólos do pensamento profético na relação com Deus. Por um lado a idéia de que Deus é um santo, apartado e diferenciado de tudo o que existe e, por outro lado, a idéia do seu inexaurível interesse pelo homem, que tanto se expressa em seu aspecto misericordioso como é obscurecido pela sua ira. Para Heschel, "Ele é ao mesmo tempo transcendente, acima da inteligência humana, e cheio de amor, compaixão, tristeza ou ira"[79].

Heschel responde a questão a respeito da *eleição* do povo judeu por Deus, questão essa conturbada pelo mal entendido que acarreta, e, muitas vezes não explicitada, mas que leva a sérios desentendimentos entre as pessoas, se compreendida de forma distorcida. Heschel sabiamente esclarece essa questão polêmica, ao entender que a *Bíblia* não consiste em uma história do povo judeu, mas sim na história da procura do homem justo por Deus. Explica que a espécie humana como um todo não seguiu o caminho da justiça, e foi a um indivíduo – a Noé, a Abraão, a um povo – que foi dada a missão de satisfazer essa busca, fazendo de todo homem um homem justo. O autor evoca um apelo eterno ao mundo: "Deus está implorando pelo homem".

Heschel entende que alguns se espantam, outros permanecem surdos, mas que todos nós somos procurados. Em suas palavras, há um ar de expectativa que paira sobre a vida e algo é pedido ao homem, a todos os homens. É importante, portanto, retomar essa questão em todos os níveis em que se pretende promover o conhecimento, principalmente no que se refere à educação e ao ensino escolar, retomando a

---

78. *Deus em Busca do Homem*, p. 250.
79. Idem, ibidem.

questão da educação religiosa judaica que tem por meta, segundo o autor, "converter os fins em necessidades pessoais ao invés de converter as necessidades em fins"[80].

Nesse sentido, por exemplo, devemos transformar em nossa preocupação o que diz respeito às dificuldades na vida das outras pessoas. Há inclusive mérito em exercer esse cuidado dentro das possibilidades pessoais. Atender primeiro ao imediatamente mais próximo, seguindo-se numa escala que vai dos vínculos pessoais mais íntimos até os sociais mais distantes. Abrangem os sentidos das *mitzvót* tanto sua observância voltada para o círculo da própria comunidade quanto, num sentido mais amplo, para a sociedade da qual participa.

Importante na visão de Heschel é a assimilação desses cuidados como parte de uma necessidade interior de ajudar o próximo não só como um dever, mas também como uma vivência subjetiva de um ato que parta do coração. O autor compreende que ações baseadas nesses princípios formam o caráter do homem. Nas palavras de Heschel: "o ato moral perfeito traz uma semente dentro de sua flor: o sentido de exigência objetiva dentro da preocupação subjetiva. Assim, a justiça é boa não porque sentimos necessidade dela. Pelo contrário, devemos sentir necessidade da justiça porque ela é boa"[81].

Heschel diferencia os objetivos que as religiões buscam atender e as classifica em três categorias: as que se dirigem à *auto-satisfação*, as que se baseiam em um *auto-aniquilamento* e as que realizam suas metas no encontro das *religiões de participação*.

Ele atribui à primeira categoria a função de atender os seus objetivos através do culto em busca da satisfação das necessidades pessoais, tais como a salvação ou o desejo de imortalidade, que visam principalmente o desenvolvimento pessoal no sentido de ascender espiritualmente.

A segunda categoria compreende que todas as necessidades pessoais são excluídas e o objetivo consiste no esforço de aniquilar todos os desejos que aspiram atender as necessidades pessoais. Então, há um valor admirável depositado na abnegação como fruto da capacidade humana de sacrifício, e ela é considerada como a única forma verdadeira de culto à divindade. E, desse modo, os adeptos dedicam sua vida a Deus ao preço do aniquilamento de todos os desejos. Na terceira forma de religião não tem valia a idéia de que Deus é um meio de atingir fins pessoais, o que não significa uma vivência desprovida de realização, mas que aponta para a relação dialética, em que há não só uma sociedade entre Deus e o homem, "mas sim que as necessidades humanas constituem preocupação de Deus e que os fins divinos devem converter-

---

80. *O Homem Não Está Só*, p. 256.
81. Idem, ibidem.

se em necessidades humanas"[82]. Partindo desses princípios não admite a idéia de que o bem deva ser praticado com desinteresse próprio, nem de que a satisfação experimentada na prática do bem corrompa a pureza da ação. Heschel afirma no judaísmo a plena participação da pessoa no serviço do Senhor, em que o prazer pleno é subproduto da ação moral ou religiosa, e encontra a plenitude na alegria do coração[83].

O HOMEM PIEDOSO

Para Heschel, a piedade[84] é um fator característico da existência que, indubitavelmente, faz jus à nossa apreciação, pois é considerado algo consistente, de influência autêntica, e sua expressão pode ser nitidamente observada nas pessoas que a ela aderem. A piedade é um dos temas mais importantes na visão de Heschel, porque é um modo de estar na vida, é uma virtude real, é uma intencionalidade do indivíduo. Por conseguinte:

a piedade compreende um modo de vida, como uma orientação do interior humano para a santidade que tem como interesse predominante o valor supremo de todos os atos, sentimentos e pensamentos. Com o seu coração aberto e atraído por certa gravitação espiritual, o homem piedoso como que se move para o centro da tranqüilidade universal e sua consciência está numa posição que lhe permite escutar a voz de Deus[85].

O autor compreende que a vida de todo homem geralmente está voltada para as coisas que mais o preocupam, em interesses que visam sua própria satisfação e segurança, diferente do homem piedoso, o qual tem seu interesse direcionado "a preocupação com a preocupação de Deus"[86]. Essa atitude promove, desse modo, a coerência em suas ações e decisões e modela suas aspirações e seu comportamento.

Para o autor, a pessoa orienta-se pela percepção seletiva de acordo com seus interesses, e observa que este comportamento humano é pré-determinado por uma série de fatores pré-existentes que compreendem

---

82. Idem, ibidem.
83. Idem, p. 256-257.
84. Segundo J. Lacoste, op. cit., p. 1401 no verbete "Pietismo": "Além das numerosas traduções da Escritura que o pietismo contribuiu para instalar na vida diária dos crentes, e dos inúmeros cânticos que ritmaram suas vidas, ele também se consagrou a promover uma nova posição em relação aos judeus e ao judaísmo. Todos os seus grandes nomes foram excelentes hebraístas. Certamente, não se pode dizer, como no passado, que o pietismo foi um precursor da emancipação dos judeus; mas ele se afastou decididamente da judeufobia luterana, rejeitou os juramentos obrigatórios e os batismos forçados, e procurou apresentar uma imagem mais positiva dos judeus". Idem, p. 1399: "A coordenação da doutrina e da vida, isto é, a exigência de conversão tipicamente reivindicada pelo pietismo" [...] "Uma compreensão sadia da Escritura compromete, de fato, toda a pessoa, e não somente o intelecto".
85. *O Homem Não Está Só*, p. 284.
86. Idem, ibidem.

idéias, reconhecimentos e predileções. Não devemos tirar conclusões a respeito do comportamento humano somente pela aparência, pelo que nós apreendemos isoladamente, pois podemos incorrer em grande equívoco de avaliação. Já o interesse de um homem piedoso é amplamente determinado por sua fé, de maneira que "a piedade é a fé traduzida em vida, o espírito encarnado numa personalidade"[87].

Para Heschel, a piedade é uma "virtude real, algo sólido que se pode observar claramente e que tem uma influência legítima"[88]. Concordamos com o autor, há momentos em nossas vidas que podemos experimentar a potência dessas experiências com emoções tão arrebatadoras que nos surpreendem pela força. Portanto, segundo o autor, trata-se de um fator específico da existência e que, indiscutivelmente, merece um exame. Entramos em contato com essa qualidade de vivência em momentos cruciais.

Temos conhecimento de várias pesquisas sobre relatos de que pessoas em estado de coma, ou em vivências de quase-morte, experimentam visões celestiais e delas retornam transformadas. A fé se estabelece e a vida ganha outro sentido, o amor incondicional que desperta é como se fosse a experiência curativa. A percepção torna-se acurada e os acontecimentos ganham a compreensão que lhes são intrínsecas. São ressaltados valores como amizade, fraternidade, compaixão:

> O fato de ser geralmente negligenciada ou esquecida pela pesquisa científica deve-se em parte às dificuldades metodológicas que envolvem tal tipo de estudo, porém mais fundamentalmente, deve-se ao fato dela apresentar aspectos teológicos que para a mentalidade moderna de certo modo soa desprezível [sic][89].

Essa crítica de Heschel talvez nos pareça por demais contundente, pois, em certa medida, as ciências humanas (psicologia, antropologia e outras) em muito colaboraram para o conhecimento do desenvolvimento humano. A psicologia, por exemplo, contribui, tanto ao diferenciar elementos importantes na constituição da estrutura do caráter humano, como em discriminar comportamentos inadequados, que trazem muito sofrimento à vida da pessoa. Ela sugere recursos criativos que auxiliam no resgate da auto-estima e na valoração da dignidade que promove, inclusive, o retorno às origens; não só a compreensão das dinâmicas inconscientes, que dirigem seu comportamento neurótico, como, junto com isso, o resgate religioso e a religião.

Concordamos com o autor quanto à visão reducionista, mas esta é parte da limitação humana que costuma reduzir na intenção de análise (como bem diz o termo, cortar em pedaços), e negligencia o olhar para o fenômeno religioso como um conjunto de aspectos necessários para a

---

87. Idem, p. 284-285.
88. Idem, p. 279.
89. Idem, ibidem.

psique humana se desenvolver. E a religiosidade participa plenamente desse conceito. Podemos acompanhar Heschel, em sua narrativa:

> A piedade compreende um modo de vida, como uma orientação do interior humano para a santidade que tem como interesse predominante o valor supremo de todos os atos, sentimentos e pensamentos. Com o seu coração aberto e atraído por certa gravitação espiritual, o homem piedoso como que se move para o centro da tranqüilidade universal e sua consciência está numa posição que lhe permite escutar a voz de Deus[90].

Sabemos a diferença que compreende a vida de todo homem dominado pelos interesses materiais e por sua aspiração em ter mais do que em ser. Portanto, este homem é muito diferente do homem piedoso, que está sempre voltado *à preocupação com a preocupação de Deus*. Desse modo o que o move é essa força impulsora que dá coesão às suas ações e decisões e que modela suas aspirações e seu comportamento.

Para o autor, o interesse geral de uma pessoa, que a leva a ver ou a descobrir certas situações e esquecer outras, é orientado pela mente e pelo coração, e significa um equívoco observar o comportamento humano por atos isolados de percepção. Conforme vimos anteriormente, o interesse é uma apreensão seletiva baseado em idéias anteriores, percepções, reconhecimentos ou predileções precedentes. O interesse de um homem piedoso é determinado por sua fé, de maneira que a piedade é a fé traduzida em vida, quando um espírito encontra-se encarnado em uma pessoa.

O Anonimato Interior

Para Heschel a consciência do homem piedoso abre-se para a perspectiva de uma visão em relação às suas forças interiores que, direcionada à pureza, busca uma atitude que se volta contra sua própria vaidade, sujeitando seu egoísmo ao poder divino. Nesse sentido, ele introverte-se numa auto-exclusão que lhe favorece a renúncia de si mesmo abrindo-se à consciência das sensações. Esse estado contemplativo expande a consciência para uma percepção da sutileza de impressões subjetivas, e possibilita-lhe atingir sua meta, a vivência de um *anonimato interior* dirigido ao serviço religioso, buscando a união com Deus.

O homem piedoso, cônscio da avareza humana, sabe que necessita proteger a pureza de suas intenções, portanto precisa manter-se atento a esse aspecto de sua natureza. Não exerce seus atos para beneficiar-se e obter recompensas, mas, sim, busca a humildade, consciente da força com que a vaidade opera dentro de si mesmo. Sabe que a vaidade agrega orgulho, e o orgulho representa o único lugar em que o inefável está ausente.

---

90. Idem, p. 284-285.

Enfim, ele está absolutamente "absorto na beleza do que adora e dedica-se a fins cuja grandeza supera sua capacidade de adoração"[91]. De alguma forma, é constante o seu esforço em superar-se a fim de apreender a dimensão da Presença. Nesse esforço ele está atento para não tornar seus atos em um hábito, numa rotina estereotipada, prejudicando a qualidade espontânea de sua dedicação amorosa ao cumprir as observâncias. Segundo Heschel, esse é um ímpeto do qual ninguém que alguma vez tenha sido impelido por sua força conseguiu livrar-se. O autor comenta:

> Nos momentos de tensão, quando o homem piedoso tropeça, erra ou desvia-se do caminho sucumbindo em sua fraqueza temporariamente ao agradável, esta queda servirá de novo estímulo para voltar à meta de seguir fiel à verdade do simples e sólido ao invés do aparatoso, corrobora, pois à sua aderência ao que é santo que apenas vacila, mas nunca se rompe[92]

A Fé, a Sabedoria e a Piedade

Na concepção hescheliana tanto a sabedoria quanto a piedade demandam as seguintes qualidades: autocontrole, autodomínio, abnegação, força de vontade e firmeza de propósitos. Todas estas características servem como instrumentos que atuam sobre a ação da vontade na busca da piedade, mas não constituem sua natureza. "Porém são imprescindíveis tanto para o homem piedoso como para o sábio, o domínio de si mesmo, como vital, apesar do piedoso julgar-se não como senhor autônomo, mas um mediador que administra sua vida em nome de Deus"[93].

Outra característica importante da piedade é o esforço de atender à vida por meio do compromisso firmado na inserção da sua atuação em relação à experiência. Heschel descreve o homem piedoso como sensível à percepção em tudo o que é solene no que é simples, ao que é sublime no sensual, porém não se propõe a penetrar no sagrado, ao contrário, procura ser penetrado e atuado pelo sagrado, aspira a se entregar a ele. Tem a noção, num nível profundo, de que tudo se encontra exatamente como deve estar.

Para ele o valor não está no visível, mas na impressão que este lhe causa, assim como não se encontra na noção, mas no sentimento que desperta, tampouco no conhecimento, mas em sua apreciação, também não na ciência, mas na veracidade que nela encontra.

Para Heschel, fundamentalmente, a piedade é a realização e a verificação do transcendente na vida humana, compreendendo não só um sentido da realidade do transcendente, mas também a tomada de uma atitude

---

91. Idem, p. 285.
92. Idem, p. 285-286.
93. Idem, p. 286.

adequada em relação a ele. Não só uma visão, uma forma de crença, mas uma adaptação, uma resposta ao chamado, um modo de vida:

> A piedade situa-se inteiramente dentro do subjetivo e nasce da iniciativa humana. É geralmente precedida pela fé e assim constitui a realização da fé, um esforço para por em prática as idéias da fé, para seguir as suas sugestões. Não deseja apenas aprender a verdade da fé, mas também concordar com ela; não só encontrar a Deus, mas aderir a ele, concordar com a sua vontade, ressoar as suas palavras e responder à sua voz[94].

Dessa forma, quando nos colocamos a serviço do bem, quando o homem toma consciência da dimensão do inefável, a vida encontra recursos para ser plenamente realizada no mundo. No estado de integridade, sentimos uma profunda paz e uma aceitação que nos dão a capacidade de saber o que é preciso em cada situação e em cada momento, e ganhamos força mediante esse conhecimento direto de que somos parte de algo que vai muito além da consciência do ego. Para Heschel:

> é da piedade que nasce a revelação do eu superior, a manifestação do que é mais delicado na alma humana, dos elementos mais puros da aventura humana. Trata-se essencialmente de uma atitude em relação a Deus e ao mundo, em relação aos homens e às coisas, em relação à vida e ao destino[95].

Reverência, Gratidão e Responsabilidade

Quando aprendemos a observar nossos hábitos e a nos conscientizar dos mecanismos da personalidade que nos aprisionam, vendo o que surge em nós a cada momento, bem como o que nos distrai do aqui e agora, podemos modificar a reação aos acontecimentos numa escolha ativa da atitude apropriada ao momento que vivemos. Essa percepção mais acurada permite-nos apreender experiências em vários níveis diferentes. Heschel comenta que a piedade é uma atitude em relação à realidade total. As relações com o valor espiritual, às quais o homem piedoso está tão atento, estão direcionadas tanto à dignidade de cada ser humano como à das coisas inanimadas. Podemos compreender que essa capacidade de percepção da relação das coisas com os valores transcendentes, presentes na atitude de homem piedoso, deve-se à habilidade dele em perceber que a parte de nós que vê é algo de uma instância mais onipresente e, no entanto, fugidia. Portanto, o homem piedoso nada despreza, pois em tudo vislumbra um sentido espiritual. Descobrimos, junto com Heschel, que:

> O segredo de cada ser é o cuidado e o interesse divino nele investido. Em cada acontecimento há algo de sagrado em jogo. Esta é a razão da reverência com que o homem piedoso trata a realidade. Isso explica a sua solenidade e a sua atitude conscienciosa ao

---

94. Idem, p. 287-288.
95. Idem, p. 288.

tratar as coisas tanto grandes como pequenas. Há uma transparência única nas coisas e nos fatos. O mundo é transparente. Não há véu algum que possa ocultar completamente a Deus. O homem piedoso está sempre atento para ver através da aparência das coisas um traço do divino. Por isso a sua atitude para com a vida é de esperançosa reverência[96].

Quando participamos plenamente do momento, nos permitimos ser tocados pelas impressões do ambiente externo e do estado interno e percebemos o milagre. Sem julgamentos críticos, interagimos com a vida a partir da tranqüilidade interior, o que nos capacita a sentir reverência. Heschel atribui, como causa desta atitude de reverência, a paz com a vida que o homem piedoso encontra, apesar dos seus conflitos e das vicissitudes da vida, pois vislumbra espiritualmente o seu possível sentido. Para o autor, cada experiência abre a porta para um templo de *novas luzes*, ainda que o seu vestíbulo seja *escuro e sombrio*:

> Ele não é insensível. Pelo contrário, é agudamente sensível à dor e ao sofrimento, à adversidade e ao mal em sua própria vida e na dos outros. Mas possui a força interior de elevar-se acima das aflições, e com a compreensão do que esses males são na realidade, as aflições lhe parecem uma espécie de arrogância. Nunca sabemos qual é o sentido último das coisas. Distinguir muito nitidamente o que julgamos bom ou mau na experiência é desonesto. É melhor amar que entristecer-se e, com a consciência amorosa do longo alcance de tudo o que atinge nossas vidas, o homem piedoso nunca superestimará o peso aparente dos acontecimentos do momento[97].

É interessante notar como o homem piedoso entende a tristeza. Para ele a tristeza representa uma arrogante e presunçosa depreciação das realidades fundamentais, implica o homem pensar ter direito a um mundo melhor, mais agradável. Segundo Heschel, esse modo de pensar leva à compreensão de que a tristeza representa mais uma recusa do que um oferecimento, é vista como uma censura e não uma apreciação, significa uma perda e não uma busca. Portanto, "as raízes da tristeza encontram-se na pretensão, no fastio e no desprezo do bem"[98].

A amargura é o tom da fala do homem triste, que vive irritado e sempre se queixa do seu destino, experimenta hostilidade em toda parte e parece não se dar conta de que é o seu olhar para a vida que não o deixa perceber a ilegitimidade das próprias queixas. O autor afirma que, "apesar dele possuir um senso crítico agudo para perceber as incoerências da vida, nega-se obstinadamente a reconhecer a delicada graça da existência"[99].

Essa situação difere em muito para o homem piedoso que não tem uma visão superficial sobre a vida. As graves ocupações não obliteram sua percepção para o milagre e a consciência da sua convivência com Deus. Ele tem consciência de que sua riqueza principal não é de alguma

---

96. Idem, p. 292.
97. Idem, p. 292-293.
98. Idem, p. 294.
99. Idem, p. 293-294.

experiência isolada, mas é a própria vida. Para ele, toda experiência é excepcional, mas sua fé não depende disso, pois encontra nos atos comuns aventuras no campo do espiritual. "Em todas as coisas sente o calor oculto do bem, e encontra sinais de Deus quase em cada objeto ordinário sobre o qual cai o seu olhar. Por isso suas palavras trazem esperança para um mundo sórdido e desesperado"[100].

Sabemos que responsabilidade implica liberdade e o homem que depende do ambiente, dos laços sociais, da disposição interior, pode, contudo, gozar de liberdade diante de Deus. Para Heschel, o homem só é verdadeiramente independente e livre diante de Deus. Mas a liberdade por sua vez envolve responsabilidade, e somos responsáveis pela maneira com que lidamos com tudo a que nos diz respeito[101].

Para Heschel, devemos diferençar o significado de uma posse e de um presente, mas quando estamos na condição de receptor podemos a tudo apreciar como mérito da divina providência. O autor nos explica que no momento em que alguém se julga pleno possuidor de algo, nasce o sentimento de isolamento que é característica daqueles que se estimam proprietários dos bens recebidos, e que devemos nos aproximar da maneira como o homem piedoso vive sua vida em todos os sentidos, como um presente de Deus, consciente de seu amor e misericórdia, diferente do homem comum que não tem a percepção de nenhuma indicação da presença do divino na vida[102].

O Sentido do Sacrifício

Para aquele que tem a tendência de não presenciar o divino na vida, o sentimento de ser dono dos bens demonstra sua presunção e vanglória, diferente do homem piedoso, que considera essa atitude como um sacrilégio e, como um método para se proteger dessa inflação, adota a ascese e o sacrifício. Numa atitude que abrange o desapego, liberta-se da idéia de ser dono de coisas que deseja e aprecia, privando-se delas por causa de Deus, e abre mão do que lhe é precioso em nome da necessidade do outro, que dele espera atenção. Portanto, segundo Heschel, "sacrificar não é abandonar o que nos foi dado, lançar fora os dons da vida. É, ao contrário, devolver a Deus o que dele recebemos, usando-o a seu serviço. Assim, dar é uma forma de agradecer"[103].

Heschel compreende que o que justifica ambas as atitudes encontra-se relacionado intrinsecamente tanto no desapego quanto no oferecimento, elementos essenciais do sacrifício. Ele esclarece que o mero oferecimento, daquilo de que se está abrindo mão, apartado do senti-

---

100. Idem, p. 294.
101. Idem, p. 295-296.
102. Idem, p. 297.
103. Idem, p. 298.

mento e do significado que representa para nós, não inclui nenhuma participação pessoal e incorre facilmente num ato ritual superficial, num ato mecânico e impessoal. Termina, segundo ele, "na exteriorização e perfunctoriedade do sacrifício, como tantas vezes aconteceu na história da religião"[104]. Chama a atenção, por outro lado, que o desapego corre o risco de se tornar um fim em si mesmo e, nisso, perde sua relação com Deus. Para o autor, a verdadeira ascese é não apenas nos privar a nós mesmos, mas também dar a Deus o que é valioso para nós.

O autor analisa a pobreza em diferentes aspectos. Um deles tem sido o de um ideal dos homens piedosos, mas há o risco do homem agarrar-se com mais tenacidade às suas ambições no âmbito intelectual, como compensação da falta material. A pobreza em si mesma não é considerada como um bem, pois a amargura que desperta, muitas vezes, "perturba o equilíbrio dos valores no caráter humano, enquanto o gozo dos dons de Deus pelo homem justo lhe dá forças para servir e meios para dar"[105].

Em síntese, para Heschel, é óbvio que o objetivo do sacrifício não está na pauperização como tal, mas sim na entrega de todas as aspirações a Deus, para, desse modo, criar um lugar para Ele no coração. "Nesse sentido se transforma em um *imitatio Dei*, pois é feito segundo a maneira do Doador divino e lembra ao homem que ele é criado à semelhança do divino, sendo assim relacionado a Deus"[106].

Para o autor a piedade é fidelidade à vontade de Deus. Devemos refletir sobre a vida não como um mandato ou o usufruto de uma renda, mas como uma tarefa. A vida não é um jogo, para o autor ela é uma ordem e não um favor. Ao homem piedoso a vida nunca se apresenta como uma cadeia fatal de acontecimentos que seguem necessariamente um ao outro, mas como uma voz que traz um apelo. Heschel afirma que:

> É nisso que encontra o verdadeiro sentido da vida. Sentir-se-ia infeliz e perdido sem a certeza de que a sua vida, por mais insignificante que seja, tem uma finalidade no grande plano e sua vida recebe um novo valor ao sentir-se engajado na realização de objetivos que o afastam de si mesmo. Desta maneira sente que em tudo o que faz está subindo, degrau após degrau, uma escada que leva à realidade suprema. Ajudando uma criatura está ajudando o Criador. Socorrendo a um pobre, trata de um interesse de Deus. Admirando o bem, reverencia o espírito de Deus. Amando o que é puro é atraído para ele. Promovendo o que é justo, está encaminhando as coisas em direção à sua vontade, em que devem terminar todos os fins. Subindo por esta escada, o homem piedoso atinge o estado do esquecimento de si mesmo, sacrificando não só seus desejos, mas também sua vontade, pois percebe que o que importa é a vontade de Deus e não a sua própria perfeição ou salvação. Assim, a glória da dedicação do homem ao bem se transforma num tesouro de Deus na terra[107].

---

104. Idem, ibidem
105. Idem, p. 298-299.
106. Idem, p. 299.
107. Idem, p. 301.

Para Heschel, não temos como maior problema o continuar, mas o como exaltar nossa existência. Entende ele ser presunção nossa imaginar uma vida além da sepultura, se não formos movidos na existência pelo anseio de vida eterna antes da descida à sepultura. Para ele:

> a eternidade não é um perpétuo futuro, mas um perpétuo presente. Ele plantou em nós a semente da vida eterna. O mundo do futuro não é só um depois daqui, mas também um aqui, agora. Nosso maior problema não é como continuar, mas como voltar. [...] Quando a vida é uma resposta, a morte é uma chegada em casa. [..] Preciosa é aos olhos do Senhor a morte dos seus santos (Sl 116,14). Porque nosso maior problema é apenas uma ressonância da preocupação de Deus: Como poderei retribuir ao homem toda a sua generosidade para comigo? [...] Pois a misericórdia de Deus permanece para sempre[108].

Essa consciência aguda da Presença nos ensina a experimentar a vida abertos ao mais profundo sentido da existência que, para Heschel, significa " reconciliar a liberdade com o serviço, o passageiro com o permanente, entrelaçar os fios da temporalidade no tecido da eternidade"[109].

Libertamo-nos de padrões de pensamento limitantes e alcançamos a dimensão do que para o autor é "a mais profunda sabedoria que o homem pode alcançar, é saber que seu destino é ajudar, servir"[110]. Entendemos o processo de crescimento espiritual como um movimento constante que requer paciência, delicadeza e perseverança. Como Heschel, acreditamos que temos que vencer para sucumbir, entender que o adquirir encontra sua finalidade no dar e, por fim, que devemos triunfar para sermos subjugados.

Mais atentos e com nosso julgamento mais apurado, o autor compreende que o homem deve entender para crer, conhecer para aceitar. Conquanto nossa aspiração é ter, a perfeição encontra-se no dar. Então, Heschel nos ilumina com sua profunda sabedoria, com a qual somos abençoados ao reconhecer a abundância e a dádiva e revela o que ele compreende como sendo o sentido da morte:

> a suprema dedicação de si mesmo ao divino. Assim entendida, a morte não será distorcida pelo desejo da imortalidade, pois este ato de entregar é reciprocidade da parte do homem pelo presente da vida dado por Deus. Para o homem piedoso morrer é um privilégio[111].

O sentido para a vida encontra-se na experiência de plenitude de uma percepção ativa de que estamos imersos da Presença do divino. Podemos, portanto, participar integralmente quando desenvolvemos nosso potencial para a capacidade de amar, na busca de aprimoramento constante e no mergulho no fluxo dinâmico e pleno de existência

---

108. Idem, p. 302.
109. Idem, ibidem.
110. Idem, p. 303.
111. Idem, ibidem.

eterna. Com isso, em todas as transformações a morte pode significar mais um grande momento, um milagre da existência. Mas, para concluir este capítulo, gostaria de dar a palavra ao Rabi Abraham Joshua Heschel, e aceitar seu convite com toda a honra e alegria pelo grande prazer de tê-lo conhecido, pois tenho certeza, muitos de nós esperávamos por isso, compartilhar o sentido real de celebrar a Vida:

> Nos momentos de intuição, no entanto, o inefável é uma metáfora numa língua materna esquecida. Portanto, a consciência de Deus não vem gradativamente: da timidez à temeridade intelectual; da conjectura, da relutância à certeza. Não é uma decisão a que se chega na encruzilhada da dúvida. Vem quando vagueando em lugar solitário, depois de nos termos perdido, de repente vemos a imutável estrela polar. Livre da interminável angústia, livre da negação e do desespero, a alma explode em clamor sem palavras[112].

---

112. Idem, p. 81.

Todos Somos Responsáveis

Gostaríamos de iniciar as conclusões do nosso trabalho com a voz do profeta, que representa um grito à consciência humana, um grito que um ser humano só pode alcançar se estiver disposto a enfrentar o terrível desfecho que a humanidade pode lançar contra nossos descendentes. Com a consciência aguda pelo amor à humanidade, Heschel dedicou a sua vida à piedade para nos alertar que o mundo encontra-se num tom de realidade dramática: "Nunca houve tanto crime e miséria, tanta agonia e tanto terror. Nunca houve sobre a terra tanto sangue derramado. O próximo se tornou um espírito mau, um monstro. Envergonhados e desanimados, perguntamos: "Quem é o responsável?"[1]

Esse é o homem que apresentamos no capítulo I. Um autor preocupado em descrever os sentimentos pertinentes à conscientização do inefável, que habita a esfera do imponderável mistério e que se expressa na experiência religiosa. Com isso, contribui imensamente para a aplicação da categoria do inefável, cuja aplicação à filosofia da religião pretende legitimar, validado-a como parâmetro eficiente para o pensar situacional-filosófico a respeito do homem em sua relação como o outro, com o mundo e com Deus. No capítulo II evidenciamos as diferenças entre o pensamento grego e o pensamento judaico, que revelaram os aspectos prioritários para a consciência religiosa, noções tais como: autodiscernimento radical, teologia profunda, autocompreensão radical e insight espiritual.

---

1. *O Homem à Procura de Deus*, p. 186.

Heschel tem o profeta como um modelo inspirador para a sua reflexão sobre a existência, um testemunho do sentido do grande mistério que nos serve de exemplo nas ações cotidianas. Essa condição resgata o devido valor da dignidade humana e compreende, também, que a liberdade implica na escolha de seguir um caminho que considere o mistério como principal categoria para pensar na reconstrução de uma sociedade que respeita a ética nas relações. A categoria de mistério, trabalhada no capítulo III, é um dos caminhos indicados por Heschel para entender a vida não tanto como um enigma, mas como um desafio, partindo da premissa religiosa implícita na condição humana de transcendência que nos eleva para além das perspectivas do ego. Além da categoria de mistério, percorremos também as categorias do temor, do maravilhoso, do sublime e da glória, que possibilitam a descrição e a análise da consciência religiosa frente à presença do inefável.

Heschel propõe uma pedagogia do retorno, ou seja, voltar-se para a religião como um meio de atingir a autoconsciência, de encontrar uma via de reflexão que atenda ao chamado de Deus para nos tornarmos melhores como pessoas, atendendo o Seu chamado à plena consciência de que temos responsabilidade pelas nossas atitudes e de sabermos que o mundo delas (atitudes) depende; que podemos construir e edificar uma sociedade mais plena de significado e comunhão entre as pessoas. Mas tudo isso implica em um desejo profundo de viabilizar em nossa própria vida essa realidade da presença divina, na qual nos encontramos imersos e à qual só de nós depende contemplar.

No capítulo IV o homem piedoso é o exemplo de redenção e compaixão viabilizado no mundo. A mudança de ótica que se opera quando o homem toma consciência do inefável e, no serviço a Deus, encontra a si mesmo, resgata sua origem e se dignifica como imagem divina. O retorno à religião, em seu sentido mais profundo, encontra, nas raízes do ser, o Ser Único, sem igual, Aquele que está além de qualquer palavra, e no silêncio que vibra, e nas entrelinhas das frases daqueles que sentem Sua presença, escutamos a melodia infindável do valor da vida. Existência plena de compaixão, de aprendizado que serve a uma vida inteira, e mesmo que seja no último suspiro é possível retornar aos braços Daquele, que é o Pai eterno, sempre presente na eternidade. Não como utopia ou sonho, delírio ou loucura, mas como possibilidade de maior aprendizagem do que é o amor, pelo qual toda uma vida vale a pena.

Heschel nos demonstra as vias e nos dá instrumentos que viabilizam realizar o caminho espiritual. O homem contemporâneo perdeu a chave do tesouro e Heschel a devolve. Com toda sua poesia ele compreende o significado vital da importância do resgate da consciência do inefável para a continuidade da existência do gênero humano.

Na dialética hescheliana uma tensão se faz presente: se não entendemos a vida como algo sagrado, apenas a experimentaremos como profana. Heschel entende que são poucos os privilegiados que descobrem o julgamento de Deus na história, referindo-se àqueles que tomaram sobre si o compromisso com o Sinai. Aborda as seguintes palavras de seu mestre Baal Schem Tov, ao qual pensa ser possível a todos acompanhar: "Se um homem viu o mal, ele deve saber que o mal lhe foi mostrado para que ele caia na conta do seu crime e se arrependa. Com efeito, o que lhe foi mostrado é o que está dentro dele"[2]. Consternado, Heschel diz que brincamos com o nome de Deus. Tomamos os ideais em vão. Heschel diz ainda que invocamos o Senhor, Ele veio, mas foi por nós ignorado. Chama a atenção para a hipocrisia, quando pregamos e O enganamos, quando O louvamos e O desafiamos, e agora colhemos o fruto de nosso fracasso. Através da história, é possível afirmar que Sua voz clamou no deserto durante anos, conseqüência do problema da nossa surdez incondicional, concernente ao vazio que levamos na alma. Além disso, Ele foi colhido e aprisionado nos templos onde se encontra sufocado e distorcido. Sentimos o lamento na descrição do autor, quando diz que agora nós vemos como Ele gradualmente se retira, abandonando os povos, uns após outros, escapando de suas almas e desprezando a sua sabedoria. Contundente, afirma que o homem acumula rancor e malícia, resultado do que parece ter desaparecido da terra: o bem[3]. Buscando uma saída, compara nosso mundo com algo não muito diferente de um ninho de cobras. Há muitas gerações as cobras mandaram o seu veneno para o sangue da humanidade, nos paralisando gradualmente, amortecendo cada nervo, embotando nossa mente e escurecendo nossa visão. Para Heschel, antigamente o bem e o mal eram tão visíveis e reais como o dia e a noite, e agora se tornaram uma bruma impenetrável. A força é mais intensa do que a compaixão, e só consideramos as leis relevantes quando elas atendem aos nossos desejos. A visão do sagrado fica obscurecida devido à cobiça, à inveja e às ambições nutridas no coração do homem. Por isso a guerra não é surpresa para Heschel, pois essa é conseqüência do desastre da vida interior. "O estrondar das bombas que caíram sobre Rotterdam, Varsóvia, Londres, foi apenas o eco de pensamentos alimentados durante anos por cérebros individuais, e depois aplaudidos por nações inteiras"[4]. Heschel continua sua explanação sobre o Holocausto, como sobrevivente de tal calamidade, numa denúncia que não podemos deixar de fora da importância do tema sobre a consciência humana, foco principal de nossa pesquisa, que sucumbe ao mal se não for guiada por um bem maior. Onde melhor o mal pode apresentar-se senão numa inteligência que é capaz de distorcer o direcionamento da razão, que se volta a interesses que

---

2. Baal Schem Tov apud A. J. Heschel, *O Homem à Procura de Deus*, p. 186.
3. Idem, p. 186-187.
4. Idem, p. 188-189.

denigrem a dignidade humana, favorecendo ambições desmesuradas? Expropriando-O, invejando-Lhe a grandeza, a criatividade? Esse é um padrão que se mantém e que reedita o horror daquilo de que atualmente somos testemunhas surdas-mudas. Assistimos pela televisão à desgraça, munidos da proteção de nossos lares, qual *bunkers* confortáveis, onde nos escondemos acovardados perante tantas atrocidades. É como se assistíssemos passivos ao filme em vários continentes e povos, observando a proliferação da maldade como um sistema considerado "normal". Normal? Quais são as estatísticas feitas para medir a eficiência da bondade, para calcular a longo e médio prazo mudanças substanciais no cuidado com a saúde e com a educação? Quais são as previsões orçamentárias dedicadas à extinção da fome no mundo? Quando a humanidade vai ajoelhar-se numa atitude de humildade, num pedido de redenção? Quando um homem vai olhar para seu irmão e nele ver a divindade, ver um irmão? Heschel critica muitos pensadores pela irresponsabilidade das palavras veiculadas, já que empregam sua arte de escrever com desrespeito pela vida. Para o judaísmo, a palavra tem o poder de construir ou destruir o mundo, de salvar ou de condenar alguém. Para Heschel, a consciência do mundo foi destruída por aqueles que estavam acostumados a censurar o mundo mais que a si próprios. Nunca o Kótzker Rebe pôde ter sua visão da natureza humana tão exposta em sua pujança maligna. A consciência de que devemos lutar por conquistar e manter não independe da memória. Nesse sentido, a história dá sua contribuição, pois não se deve esquecer, por nada, a responsabilidade em manter viva a lembrança sem justificativas insolentes para desanuviar tão grande mal-estar. Heschel diz, com propriedade, que ao reverenciarmos os instintos destruímos os profetas[5].

Segundo Heschel, barganhamos a santidade pela conveniência, a lealdade pelo sucesso, o amor pela força, a sabedoria pela informação, a tradição pela moda. Levianos e supérfluos, "não podemos morar à vontade sob o sol de nossa civilização, como nossos antepassados pensaram que nós poderíamos"[6]. Jogamos para o fundo do poço todo um legado, um rastro que nos deixaram para acendermos a luz na escuridão de nossa alma.

Heschel realmente lança uma luz de holofote sobre a sombra coletiva, e não exclui, como sábio, nada da Luz que ao homem é possível experimentar. Heschel nos chama a celebrar a vida, ao mesmo tempo em que nos arremessa ao verdadeiro significado da palavra alegria. E como não podia deixar de ser, aos poucos fui me envolvendo com sua narrativa. Entre arrepios de emoção, risadas que seu senso de humor arranca, sendo ao mesmo tempo trágico e cômico, suave

---

5. Idem, p. 189.
6. Idem, ibidem.

e contundente, grave quando o tema obriga. Heschel é aquilo que faz, e o que faz está vivo em mim e em tantas pessoas que nós gostaríamos de tocar, pela sua palavra. Palavras de inspiração, de um homem vivo. Sem dúvida, nele a verdade encontra voz, não disfarçada numa linguagem demagógica, daqueles que subornam para arrebanhar ovelhas desgarradas do rebanho, mas com a coragem daqueles que entregam a própria vida como exemplo, ou fazem da própria vida um exemplo, daquilo que acreditam, pela poética que nada deixa de fora, que nos desvenda os olhos à visão de que estamos imersos no inefável, onde, como já vimos, a morte acaba e a vida é eterna. Heschel está presente em suas palavras. Ele provou a eternidade da vida, com a integridade com que viveu, e com o tesouro que nos legou de herança, a Presença.

Acreditamos que nossa hipótese foi confirmada, há possibilidade noética pela via da consciência religiosa. No decorrer do nosso trabalho, observamos que a teologia profunda proposta pelo autor valoriza a experiência, o *insight*, e a intuição como elementos importantes sobre a condição humana. Heschel nos adverte sobre a importância que o senso do sagrado tem para o mundo; um mundo contendo a experiência de um Deus vivo que é tão vital para nós quanto a luz do sol. Não podemos deixar cindida nossa natureza do espírito, assim como não pode o judeu estar apartado da *Torá*, que é sua alma e espírito. Negar sua importância é cair na orfandade, e nossa humanidade perde o senso de fraternidade, que só o reconhecimento de um Pai dá, de nos sentirmos irmãos, partes de um mesmo destino, o de transformar o mundo num mundo possível de ser vivido em comunhão.

Como foi possível observar, Heschel é um autor que trabalha diante da presença do Inefável, algo que fica muito claro no tema – Deus – que escolhemos para nos guiar nesta pesquisa. A necessidade de nos aprofundarmos nesse pensamento do autor exigiu nossa dedicação à sua obra de forma bastante intensa e única, para que pudéssemos acompanhar seu movimento de reflexão, cuja proposta inverte a nossa percepção, pois precisamos admitir que nosso objeto de estudo precisa ser apreendido a partir da experiência, porque ele não se dá somente pelo caminho da razão. Assim sendo, foi necessário um mergulho profundo em sua obra para poder realizar tal intento, obrigando-nos a aceitar os limites de tempo que impediram que nos aprofundássemos de forma mais diversa no pensamento do autor.

Dentre os conceitos por ele desenvolvidos, enfocamos o de *insight* espiritual e o de autoconhecimento, que talvez possam ser ampliados, ou melhor, compreendidos, se utilizarmos o diagrama da Árvore da Vida da Cabala como um meio de ilustrar o processo de desenvolvimento da consciência religiosa. Trabalho esses conceitos em grupos de estudo que coordeno há mais de dez anos. Esta experiência possibilita nomear e compartilhar sentimentos e emoções que ocorrem na expressão das vivências espirituais, função há muito desconsiderada, em nossa opinião, na área do ensino e educação, em geral, e no ensino religioso, em particular. Heschel não enfoca diretamente a Árvore da Vida em sua obra, mas ela está implícita em sua formação religiosa. Uma possibilidade seria propor o diagrama da Árvore da Vida representando o modelo relacional do homem com Deus no mundo, proposto por Heschel. Esse diagrama poderia funcionar como um instrumento de finalidade unicamente didática que, pela linguagem metafórica, possibilitaria a compreensão dos atributos divinos no processo de desenvolvimento da consciência religiosa. Mas, essas são intuições a partir deste trabalho, e ficam como questões para futuras pesquisas.

Finalizando, Heschel nos mostra que Deus está em todos os lugares, e nós precisamos deixá-Lo entrar em nossas vidas. Para o autor, ou Ele está em toda a parte ou não está em lugar nenhum, ou é Pai de todos os homens ou não é o Pai de ninguém, assim como é interessado em todas as coisas ou em nada. Ele ou está vivo para nós, ou não. Reconhecê-Lo possibilita experimentar nossa maior virtude, que se encontra no poder da compaixão, então podemos ser Seu reflexo, senão O perdemos, atraídos pelo desejo do poder, da ambição. Heschel nos convoca para uma batalha tanto interna como externa em nossa vida. Não podemos mais nos manter de olhos vendados ao mal do mundo, em todas as suas dimensões de ascendente poder. Ele conclama a consciência de todos, para que um dia, que pode ser o de hoje, tomem consciência de sua responsabilidade em relação ao seu entorno. Para nossa tarefa não há neutralidade na escolha de atitudes; ou escolhemos o bem transformando o mundo num altar para Deus ou nos tornamos representantes subordinados das forças destrutivas.

Não será essa uma questão para pensarmos a respeito do livre arbítrio? Parece-nos que quanto mais nos conscientizamos, mais nos tornamos engajados com respeito a nossa participação nos eventos da humanidade, e mais nos sentimos "obrigados" a agir no sentido que Heschel evidencia. A grande questão está novamente colocada quando o autor nos chama para ouvir, ver e agir. "A montanha da história está sobre nossas cabeças novamente. Renovaremos a aliança com Deus?"[7] Essa é a questão que Heschel nos coloca e que cala fundo em nossa alma.

---

7. Idem, p. 191.

Bibliografia

ACZEL, Amir. *O Mistério do Alef:* a matemática, a cabala e a procura pelo infinito. São Paulo: Globo, 2003.
ARMSTRONG, Karen. *Uma História de Deus*. São Paulo: Companhia das Letras, 1994.
BAHIR, O. – O Livro da Iluminação atribuído ao Rabino Nehuniá ben Hakana. Trad. de Aryeh Kaplan. Rio de Janeiro: Imago, 1992.
BIALE, David. *Cabala e Contra-história:* Gershom Scholem. São Paulo: Perspectiva, 2004.
BÍBLIA DE JERUSALÉM. São Paulo: Paulus, 2002.
BOLEN, Jean Shinoda. *O Milionésimo Círculo*. São Paulo: Triom, 2003.
BONAVENTURE, Leon. *Psicologia e Vida Mística*. São Paulo: Vozes, 1996.
BUBER, Martin. *As Histórias do Rabi*. São Paulo: Perspectiva, 1975.
BURKE, Edmund. *Uma Investigação Filosófica Sobre a Origem de Nossas Idéias do Sublime e do Belo*. Trad. de Enid Abreu Dobránsky. Campinas: Papirus, 1993.
CAMPOS, Haroldo de. *Éden*: um tríptico bíblico. São Paulo: Perspectiva, 2004.
CARMO, Paulo Sérgio do. *Merleau-Ponty*: uma introdução. São Paulo: Educ, 2004.
CHAUÍ, Marilena de Souza. *Espinosa*: uma filosofia da liberdade. São Paulo: Moderna, 1995.
CUKIER, Rosa. *Palavras de Jacob Levy Moreno:* Vocabulário de Citações do Psicodrama, da Psicoterapia de grupo, do Sociodrama e da Sociometria. São Paulo: Ágora, 2002.
DI STEFANO, Anna Escher. Max Scheler, a dimensão fenomenológica do sagrado. In: PENZO, Giorgio; GIBELLINI, Rosino (org.). *Deus na Filosofia do Século XX*. São Paulo: Loyola, 2002.

ECLESIASTES. Tradução e compilação dos comentários de Adolpho Wasserman. São Paulo: Maayanot, 1998.

ELIADE, Mircea. *Tratado de História das Religiões*. São Paulo: Martins Fontes, 2002.

FONSECA FILHO, José S. *Psicodrama da Loucura:* correlações entre Buber e Moreno. São Paulo: Ágora,1980.

FRANKL, Victor E. *Em Busca de Sentido:* um psicólogo no campo de concentração. Petrópolis: Vozes, 1991.

GIGLIO, Auro del. *Iniciação ao Talmud*. São Paulo: Sêfer, 2000.

GINSBURGH, Rabi Yitzchak. *The Hebrew Letters:* channels of creative consciousness. Jerusalém: Gal Einai Publications, 1992.

GUARNIERI, Maria Cristina. O Novo Pensar de Franz Rosenzweig, *Agnes*, São Paulo, n. 1, 2004.

GUTTMANN, Julius. *A Filosofia do Judaísmo:* a história da filosofia judaica desde os tempos bíblicos até Franz Rosenzweig. São Paulo: Perspectiva, 2003.

HAZAN, Maria da Glória. Self: três abordagens psicológicas. In: COSTA, Ronaldo Pamplona (org). *Moreno, Um Homem à Frente de seu Tempo:* o psicodrama de Moreno no século XXI. São Paulo: Ágora, 2001.

HESCHEL, Abraham J. *O Último dos Profetas:* uma introdução ao pensamento de Abraham Joshua Heschel. São Paulo: Manole, 2002.

_____. Deus me Persegue em Toda Parte. In: LEONE, Alexandre G. *A Imagem Divina e o Pó da Terra*.

_____. El Concepto del Hombre en el Pensamiento Judio. In: *El Concepto del Hombre:* estudio de filosofia comparada. México, DF: Fondo de Cultura Economica, 1993.

_____. *Deus em Busca do Homem*. São Paulo: Paulinas, 1975.

_____. *I Asked For a Wonder:* a spiritual anthology. Samuel H. Dresdner (ed). Nova York: Crossroad, 2002.

_____. *O Homem Não Está Só*. São Paulo: Paulinas, 1974.

_____. *O Homem à Procura de Deus*. São Paulo: Paulinas, 1974.

_____. *O Schabat*. São Paulo: Perspectiva, 2000.

_____. *Passion for Truth*. New York: Farrar, Straus and Giroux, 1973.

_____. *The Prophets*. Nova York: Perennial Classics, 2001.

HESCHEL, Susannah. Introdução, In: HESCHEL, Abraham J. *O Último dos Profetas:* uma introdução ao pensamento de Abraham Joshua Heschel. São Paulo: Manole, 2002.

HILLMAN, James. *Uma Busca Interior em Psicologia da Religião*. São Paulo: Paulinas, 1984.

HINNELLS, John R. *Dicionário das Religiões*. São Paulo: Cultrix, 1984.

HIRSCH, Raphael Shimshon. *Dezenove Cartas sobre Judaísmo*. São Paulo: Sêfer, 2002.

IBN PAKUDA, Bahia. *Os Deveres do Coração*. São Paulo: Sêfer, 2002.

IDEL, Moshe. *Cabala:* novas perspectivas. São Paulo: Perspectiva, 2000.

KAGAN, Jeremy. *The Jewish Self:* recovering spirituality in the Modern World. Jerusalém: Feldheim Publishers, 1998.

KANT, Immanuel. *Crítica da Faculdade do Juízo*. Trad. de Valério Rohden e António Marques. Rio de Janeiro/São Paulo: Forense Universitária, 1993.

KOLITZ, Zvi. *Yossel Rakover Dirige-se a Deus*. São Paulo: Perspectiva, 2003.

LIVRO DOS PROVÉRBIOS, O. Tradução e compilação de Adolpho Wasserman. São Paulo: Maayanot, 1998.

LIVRO DOS SALMOS, O. Tradução de Adolpho Wasserman e Chaim Szwertszarf São Paulo: Maayanot, 1996.

_____. *Sêfer Ietsirá, O Livro da Criação*. São Paulo: Sêfer, 2002.

LACOSTE, Jean-Yves. *Dicionário Crítico de Teologia*. São Paulo: Paulinas-Loyola, 2004.

LEONE, Alexandre G. *A Imagem Divina e o Pó da Terra:* humanismo sagrado e crítica da modernidade em A. J. Heschel. São Paulo: Humanitas-FFL-CH/USP-FAPESP, 2002.

_____. A Oração como Experiência Mística em Abraham J. Heschel. *Revista de Estudos da Religião,* São Paulo, n. 4, 2004.

LEVINAS, Emmanuel. *Quatro Leituras Talmúdicas*. São Paulo: Perspectiva, 2003.

LIEBECK, Helen; POLLARD, Elaine. *The Oxford English Minidictionary*. 4. ed. Oxford: Clarendon Press, 1995.

LIPINER, Elias. *As Letras do Alfabeto na Criação do Mundo:* contribuição à pesquisa da natureza da linguagem. Rio de Janeiro: Imago, 1992.

LÖWY, Michael. Messianismo Judeu e Utopias Libertárias, *Romantismo e Messianismo*. São Paulo: Perspectiva/Edusp, 1990.

LUZZATTO, Mosche Chaim. *O Caminho dos Justos*. São Paulo: Sêfer, 2002.

MAIMÔNIDES, Moisés. *Mishné Tora:* O Livro da Sabedoria. Rio de Janeiro: Imago, 2000.

MARTÍN, Eugenio Garrido. *Psicologia do Encontro*: J. L. Moreno. São Paulo: Ágora, 1996.

MATT, Daniel C. *La Cabala Esencial*. Barcelona: Robinbook, 1997.

MEYER, Marshall T. In Memorian. In: HESCHEL, Abraham J. *O Último dos Profetas:* uma introdução ao pensamento de Abraham Joshua Heschel. São Paulo: Manole, 2002.

MIRANDA, Evaristo Eduardo de. *Corpo: Território do Sagrado*. 3. ed. São Paulo: Loyola, 2002.

MISRAHI, Robert. *A Felicidade:* ensaio sobre a alegria. Trad. de Flávia Nascimento. Rio de Janeiro: DIFEL, 2001.

MORENO, Jacob Levy. *Psicodrama*. São Paulo: Cultrix, 1975.

MOURA, Ana. *O Zohar, O Livro do Esplendor*. 1ª ed. Lisboa: Estampa, 1994. (Coleção Iluminações)

NAHAÏSSI, Giuseppe. *Os 613 Mandamentos*. 3. ed. São Paulo: Nova Arcádia, 1991.

NICOLESCU, Basarab. *O Manifesto da Transdisciplinaridade*. São Paulo: Triom, 1999.

OTTO, Rudolf. *O Sagrado*. São Paulo: Vozes, 2007.

PIERI, Paolo Francesco. *Dicionário Junguiano*. São Paulo/Petrópolis: Paulus/Vozes, 2002.

PONDÉ, Luiz Felipe. Religião: Teoria e Experiência. *Agnes,* São Paulo, n. 1, 2004.

_____. *Conhecimento na Desgraça:* Ensaio de Epistemologia Pascaliana. São Paulo: Edusp, 2004.

_____. *Crítica e Profecia*: filosofia da religião em Dostoievski. São Paulo: Editora 34, 2003.

_____. *O Homem Insuficiente*. São Paulo: Edusp, 2001.

_____. A Filosofia Diante de D'us. In: TEIXEIRA, Faustino (Org.). *Nas Teias da Delicadeza*. 1ª ed. São Paulo: Paulinas, 2006.

PUCHKIN, Alexander. Poema. In: TARKOSVSKI, Andrei. *Esculpir o Tempo*. 2. ed. São Paulo: Martins Fontes, 1988.

QUEIROZ, José J. As Religiões e o Sagrado nas Encruzilhadas da Pós-modernidade. In: QUEIROZ, José J. (org.). *Interfaces do Sagrado em Véspera de Milênio*. São Paulo: Olho d'Água, 1996.

REHFELD, Walter I. *Nas Sendas do Judaísmo*. São Paulo: Perspectiva, 2003.

ROSENZWEIG, Franz. *El Libro del Sentido Común Sano y Enfermo*. 2. ed. Madrid: Caparrós Editores, 2001.

ROTENBERG, Mordechai. *Existência à Luz da Cabala:* teoria e prática do tzimtzum (contração) e psicologia. Rio de Janeiro: Imago, 1999.

SAMUELS, A. *Jung e os Pós-Junguianos*. Rio de Janeiro: Imago, 1989.

SCHOLEM, Gershom. *O Nome de Deus, A Teoria da Linguagem e Outros Estudos de Cabala e Mística:* Judaica II. São Paulo: Perspectiva, 1999.

_____. *A Cabala e seu Simbolismo*. 2. ed. São Paulo: Perspectiva, 1998.

_____. *As Grandes Correntes da Mística Judaica*. São Paulo: Perspectiva, 1972.

SCHNEERSON, Menachem Mendel. *Discursos Chassídicos*. São Paulo: Maayanot, 1996.

TALMUD, O. Tradução, estudos e notas de Moacir Amâncio. São Paulo: Iluminuras, 1995.

TORÁ: A LEI DE MOISÉS. Tradução de Meir Matzliah Melamed. São Paulo: Sêfer, 2001.

WASSERSTROM, Steven M. *A Religião Além da Religião:* diálogos entre Gershom Scholem, Mircea Eliade e Henry Corbin em Eranos. São Paulo: Triom, 2004.

Cronologia de Heschel[1]

1907 Nasce em Varsóvia, numa família hassídica.
1916 Morte de seu pai, o rabi Mordekhai Heschel.
1923 É ordenado rabino aos 16 anos pelo rabino Menachem Zemba, em nome do rabinato ortodoxo de Varsóvia.
1927 Após concluir o curso em Vilna (hoje Vilnius), vai para a Universidade de Berlim.
1932 Torna-se instrutor de *Talmud* na Hochschule für die Wissenschaft des Judentums em Berlim.
1933 Publica a coletânea de poemas, em ídiche, *Der Shem Hameforesh: Mentsch*, em Varsóvia. No mesmo ano recebe, em Berlim, o grau de doutor por seu estudo *Die Prophetie*.
1934 É ordenado rabino pela Hochschule.
1935 Publica um estudo em alemão sobre Maimônides.
1937 Torna-se diretor da Judisches Lehrhaus em Frankfurt, sucedendo Martin Buber.
1938 É deportado para Varsóvia pelo regime nazista, lá ensina no recém-fundado Instituto de Estudos Judaicos.
1939 Muda-se para Londres.
1940 Ajuda a fundar o Institute for Jewish Learning, em Londres. É convidado para assumir uma cátedra no Hebrew Union College, em Cincinnati, nos EUA.
1942 Publica seu primeiro artigo em inglês: "An Analysis of Piety", na *Rewiew of Religion*.
1943 Torna-se professor associado de filosofia no HUC.

---

1. A. G. Leone, *A Imagem Divina e o Pó da Terra*, 228. À guisa de esclarecimentos, esta cronologia se baseia em outra feita por Daniel Breslauer, *The Impact of A. J. Heschel as Jewish Leader in the América Jewish Comunity from 1960' to his Death: Social, Psycological, and Intelectual Study*, tese defendida na Brandeis University, 1994. Também foram utilizados dados fornecidos por Edward Laplan, *Profetic Witness*, New Haven, Londres: Yale University Press, 1998.

1945 Aceita o cargo de professor de ética e mística judaica no Jewish Theological Seminary of América.

1946 Casa-se com Sylvia Strauss, com quem mais tarde tem uma filha, Susannah.

1950 Publica *The Earth Is the Lord's*.

1951 Publica *The Sabbath* e *Man Is not Alone*.

1954 Publica *Man's Quest for God*.

1956 Publica *God in Search of Man*.

1958 Profere, em Jerusalém, durante uma conferência sobre ideologia e judaísmo, um discurso em que afirma que a ênfase do judaísmo deveria ser religiosa antes que nacional.

1959 Opõe-se ao apoio à Organização Sionista Mundial dado pela United Synagogue of América.

1960 Discursa na Casa Branca durante a conferência sobre a infância e juventude.

1961 Consultor junto ao cardeal Bea sobre a visão católica dos judeus.

1962 Publica *The Prophets*, a tradução e ampliação de sua tese de doutorado.

1963 Profere uma série de palestras na Universidade de Stanford. Palestra na conferência sobre raça e religião em Chicago. Palestra sobre as implicações morais do rabinato no JTSA.

1964 Palestra na conferência sobre raça e religião em Nova York. Encontra-se com o papa Paulo VI em Roma, durante o Concílio Vaticano II.

1965 Publica *The Insecurity of Freedom* e *Who is Man?* Professor visitante no United Theological Seminary, protestante. Marcha ao lado de Martin Luther King em Selma, Alabama, em prol dos direitos civis dos afro-americanos.

1966 Participa de várias manifestações em favor da causa dos judeus soviéticos.

1967 Publica "The Moral Outrage of Vietnam" em *Vietnam: Issue of Conscience*. Apóia os objetores de consciência que se recusam a ir ao Vietnã.

1969 Publica *Israel an Echo of Eternity*.

1970 Continuam suas campanhas contra a Guerra do Vietnã e em prol dos judeus soviéticos.

1972 Morre em 23 de dezembro.

Glossário

AMORÁ ou *AMORAÍTA* (intérprete) – Termo aplicado aos mestres palestinenses e babilônicos que expunham a *Mischná* de 219 a 500 d.C.

DEVEKUT (apegar-se a, aderir a, ser fiel a; derivada do heb. *davak*, concentração, devoção) – Para o *Talmud* o homem pode aderir a Deus de duas formas: (1) ajudando o estudioso da *Torá* (*B.Ket.* 111b), ou (2) emulando os atributos divinos (*B.Sotah.* 14b). Para a Cabala, *devekut* é o êxtase místico, a adesão do homem a Deus, por meio das *sefirót*.

FARISAÍSMO (de fariseu, do heb. *peruschim* ou *pruschim*, e *parasch*, separar, significando "aqueles que se separaram") – Movimento religioso judaico, surgido no século II a.C. provavelmente algum tempo depois da revolta macabéia, que defendia a estrita observância das Escrituras e da tradição oral, e que se opunha aos saduceus, que comandavam o Templo de Jerusalém. Os fariseus criaram a sinagoga e sua influência aumentou com a destruição do Segundo Templo. São os precursores do judaísmo rabínico. Há três fontes de informações a respeitos deles: 1. a literatura rabínica posterior; 2. o Novo Testamento; *que os acusa de formalistas e hipócritas e os associa aos saduceus*; e 3. Flávio Josefo, o historiador judeu helenizado do século I d.C. Apesar das diferenças que essas fontes oferecem e dos juízos de valor que veiculam a respeito do farisaísmo, o essencial de sua postura encontra expressão na Lei Oral, na *Mischná* e na literatura rabínica por ele gerada.

HASSIDISMO (do heb. *hassid*, pio, devoto, discípulo de um rabi ou mestre) – Movimento religioso judaico da Europa Oriental, iniciado em meados do século XVIII, na Polônia, pelo místico Israel ben Eliezer, o Baal Schem Tov, "Mestre do Bom Nome" ou "Besht". Seus ensinamentos baseavam-se na Cabala (que significa tradição), enfatizando que a oração devia ser feita com devoção psicológica e alegria, e que Deus poderia ser servido pelas tarefas cotidianas da mesma forma que pelo cumprimento das *mitzvót*. Empregava largamente as parábolas como meio de ensino e muitas dessas histórias vêm sendo contadas até hoje pelos teólogos modernos. Por sua heterodoxia, o hasssidismo enfrentou vigorosa oposição do *establishment* rabínico, os *mitnagdim*, que ameaçava seus adeptos de *herem* (excomunhão). Atualmente não há diferenças entre os judeus ortodoxos e os hassídicos, exceto pelo fato de estes últimos se organizarem sempre em torno da figura de um líder, o *tzadik* (justo).

IESCHIVÁ (heb. pl. *ieschivót*) – Seminário rabínico, talmúdico, onde se estuda a *Torá* e o *Talmud* babilônico, instituição exclusivamente masculina, que os meninos começam a freqüentar a partir do início da adolescência.

MAIMÔNIDES ou *Rambam* (Moisés ben Maimon, 1138-1204) – Sefardita, nascido em Córdoba, conhecido entre os muçulmanos como Abu Imram Musa ben Maimun ibn Abdala. Médico, cientista, talmudista de imenso saber, considerado o maior filósofo judeu da Idade Média, empreendeu uma nova apresentação de toda a tradição judaica tomando Aristóteles como referência. Sua obra filosófica mais importante foi o *Guia dos Perplexos,* destinada àqueles que não conseguiam se decidir entre o que dizia a filosofia e os ensinamentos da religião. Escreveu ainda o *Mishné Torá* (um compêndio de lei judaica em 14 volumes), que o estabeleceu como a maior autoridade talmúdica de seu tempo.

MISCHNÁ (lit. lição, repetição) – Nome dado à coletânea (de 63 tratados) de leis e preceitos orais que foram objeto de trabalhos de hermenêutica bíblica. Seu ordenador e codificador foi o Rabi Iehudá há-Nasi. É também chamada de *Torá* Oral (*Torá sche-be-al-pe*) e constitui a primeira parte do *Talmud*.

PILPUL – Método de estudo dialético casuístico aplicado nas *ieschivót* que baseia-se em intensa análise textual objetivando esclarecer diferenças conceituais entre as diversas normas halákhicas e conciliar aparentes contradições. Inicia-se com a preparação de um texto por um grupo (chamado *havruta*, que em aramaico significa "amigo") de dois ou três alunos, sendo necessária a formação deste grupo para que se estabeleça o processo interpretativo dialógico, em que se debaterá as passagens (*sugyá*) da Guemará (comentário, exegese, a segunda parte do *Talmud,* destinada à interpretação da *Mischná*) de determinado assunto e algumas das interpretações dadas para ele pelo *Talmud*. Seguida da palestra de um rabino, na qual os estudantes têm participação ativa, há nova sessão de estudos (*hazará,* repetição, do hebraico *lakhzor,* voltar) acerca da lição (*schiur*) do rabino. *Pilpul* indica também excesso de sutileza e raciocínio sofismático.

SCHULKHAN ARUKH (em heb. "mesa preparada ou posta") – Obra escrita pelo talmudista sefardita Iossef Caro, em meados do século XVI, destinada, segundo ele, a apresentar a Halakhá de forma acessível para aqueles que não possuíam instrução necessária para compreender sua obra anterior (*Bet Iossef,* um tratado talmúdico muito mais abrangente). Conta com comentários do rabino Moses Isserles, e divide-se em quatro seções (*Orakh Hayim, Yoré Deá, Even ha-Ezer* e *Schoschen Mischpat*), sendo considerado pelo judaísmo rabínico como seu mais abalizado código legal.

SEFIRÓT (heb. pl. de sefirá, esfera) – Cada uma das dez emanações ou manifestações de atributos latentes no *Ein-Sof* (Sem-Fim) cabalístico.

TALMUD – Extensa compilação de comentários sobre a *Mischná,* elaborada em duas comunidades diferentes: em Jerusalém (o *Talmud* da Palestina, *Ieruschalmi*) e na Babilônia (*Talmud* babilônico, *Bavli*). O *Talmud* babilônico, do qual permanecem 37 tratados, é o mais estudado, por sua clareza e abrangência. O material abordado pelo *Talmud* subdivide-se em:

> *Halakhá* (lit. guia, tradição, prática, regra e lei) – Questões legais e rituais. Ao termo *halakhá,* de origem desconhecida, tem-se atribuído o significado de "forma de ir", da mesma raiz hebraica do verbo "ir" (*halakh*), ou seja, o que vem do passado e continua, ou aquilo em que Israel vai. O judeu tradicional está sujeito à halakhá, enquanto que o gentio só é obrigado a seguir as sete leis de Noé. A *halakhá* se contrapõe à
>
> *Agadá* (lit. história, lenda) – Conjunto de folclore, parábolas e lendas.

TANÁ ou *TANAÍTAS* – São os mestres da *Mischná.*

TORÁ (heb. *torah,* instrução, lei) – o *Pentatêuco,* os cinco livros de Moisés (*Gêneses, Êxodo, Levítico, Números* e *Deuteronômio*). Também chamada de *Torá sche-bikhtav.*

FILOSOFIA NA ESTUDOS

Homo Ludens
    Joan Huizinga (E004)

Gramatologia
    Jacques Derrida (E016)

Filosofia da Nova Música
    T. W. Adorno (E026)

Filosofia do Estilo
    Gilles Geston Granger (E029)

Lógica do Sentido
    Gilles Deleuze (E035)

O Lugar de Todos os Lugares
    Evaldo Coutinho (E055)

História da Loucura
    Michel Foucault (E061)

Teoria Crítica I
    Max Horkheimer (E077)

A Artisticidade do Ser
    Evaldo Coutinho (E097)

Dilthey: Um Conceito de Vida e uma Pedagogia
    Maria Nazaré de C. Pacheco Amaral (E102)

Tempo e Religião
    Walter I. Rehfeld (E106)

Kósmos Noetós
    Ivo Assad Ibri (E130)

História e Narração em Walter Benjamin
    Jeanne Marie Gagnebin (E142)

Cabala: Novas Perspectivas
    Moshe Idel (E154)

O Tempo Não-Reconciliado
    Peter Pál Pelbart (E160)

Avicena: A Viagem da Alma
    Rosalie Helena de S. Pereira (E179)

*Cabala e Contra-História:
Gershom Scholem*
    David Biale (E202)

Nietzsche e a Justiça
    Eduardo Rezende Melo (E205)

Ética contra Estética
    Amelia Valcárcel (E210)

O Umbral da Sombra
    Nuccio Ordine (E218)

Ensaios Filosóficos
    Walter I. Rehfeld (E246)

Filosofia do Judaísmo em Abraham Joshua Heschel
    Glória Hazan (E250)

Este livro foi impresso São Paulo,
nas oficinas da Gráfica Palas Athena, em junho de 2008,
para a Editora Perspectiva S.A.